SMC 科学媒介中心丛书

U0605052

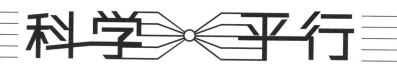

科学×平行

〈2019〉

王 挺 钟 琦 主编 王黎明 副主编

中国科学技术出版社

·北 京·

图书在版编目（CIP）数据

科学平行 2019 / 王挺，钟琦主编 . — 北京：中
国科学技术出版社，2020.4
ISBN 978-7-5046-8455-4

Ⅰ . ①科… Ⅱ . ①王… ②钟… Ⅲ . ①科学知识 – 普
及读物 Ⅳ . ① Z228

中国版本图书馆 CIP 数据核字 (2019) 第 250216 号

策划编辑	鞠　强
责任编辑	鞠　强
封面设计	马术明
内文制作	马术明
责任校对	焦　宁
责任印制	马宇晨

出　　版	中国科学技术出版社
发　　行	中国科学技术出版社有限公司发行部
地　　址	北京市海淀区中关村南大街 16 号
邮　　编	100081
发行电话	010-62173865
传　　真	010-62173081
网　　址	http://www.cspbooks.com.cn

开　　本	710mm×1000mm　1/16
字　　数	250 千字
印　　张	15
版　　次	2020 年 4 月第 1 版
印　　次	2020 年 4 月第 1 次印刷
印　　刷	北京市凯鑫彩色印刷有限公司
书　　号	ISBN 978-7-5046-8455-4/Z・79
定　　价	68.00 元

序

科学技术是第一生产力，已成为当代经济增长和社会进步的核心力量，被公认能帮助人类有效应对气候、能源、食品和水资源等方面的重大挑战。这些挑战不仅促进了自然科学与社会科学的学科融合，也彰显了公众科学传播的时代价值。同时，科学的观念和符号正透过大量的文学、艺术和技术产品渗入大众文化的每一个角落，与普通人的生活密不可分。对许多人而言，科学传播自然还承载了科学自身的更为激动人心的复杂意义：当科学家将望远镜、传感器和基因剪刀伸向天空、海洋和有机体时，他们也要面对公众投来的崇敬、好奇甚至怀疑的目光。

科学传播不仅是为了提高公众的科学素养，更希望科学精神的具体内涵能为公众所理解，能在潜移默化中渗透到公众的心灵之中，这是中国科普研究所科学媒介中心一以贯之的使命。事实上，我们相信这样的说法："对于社会而言，科学只在被需要时才是可见的，而向社会证明它需要科学是科学传播者的任务。一旦社会意识到这种需要，社会的非科学成员吸收科学思想的潜力往往是惊人的。"

《科学平行2019》是科学媒介中心基于微信公众号发布的内容整理出版的第4部科普文集。编者为本书选取了80余篇科普文章，将其编列为7个话题。我们将"科学新知"放在了书的开头，希望能吸引读者了解有关人工智能、3D打印等前沿领域的新概念以及纳米医学、大脑结构等方面的有趣发现。"生命科学""宇宙与地球""气候与环境"代表了当代科学传播的宏观视角，反映了科学与生命及其生存环境之间的有机联系。"科学传播与大众文化"描绘了普通人"喜闻乐见"的科学形象，例如科学新闻、科幻电影以及其他非虚构科学叙事。"科学小品"着眼于排队、吸烟、手机、快餐等生活琐事，带领读者感受科学为日常生活注入的灵光和旨趣。作为对科学家的科研工作的呈现和解读，"科研视窗"有助于读者更好地理解科学研究的过程及本质。

最后，我们向书中出现的各位编译人员和作者致以诚挚的感谢。他们为本书贡献了大量专业性素材和见解，他们的学识和智慧，还有热忱和坚持，是科学媒介中心继续前行的重要基石和动力。另外，还要感谢数年来关注和支持科学媒介中心发展的广大媒体和记者。衷心希望所有有志于科学的人们，无论出于对科学真理的追求、对科学价值的反思，或是对科学叙事的偏爱，都能与我们一起参与到科学传播中来，为展现科学与社会之间的种种可能的相关性而持续努力。

目 录

话题Ⅲ　宇宙与地球

话题Ⅶ　科研视窗

科学新知

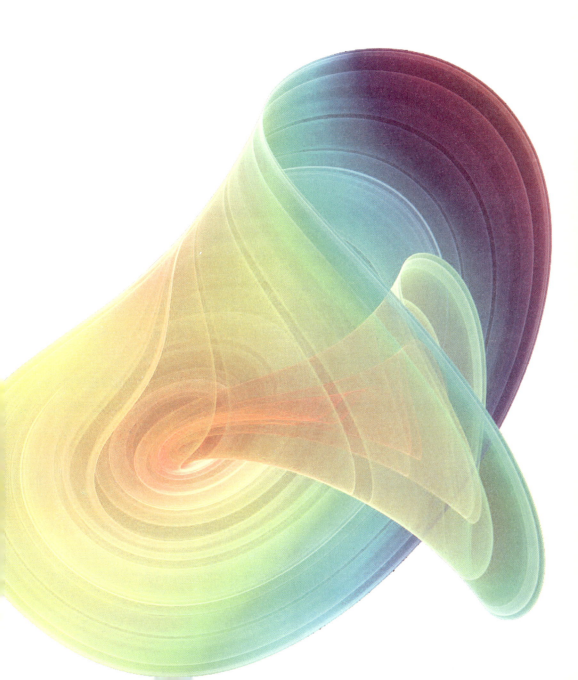

AI 将会是你的下一个朋友吗？

王雷 / 编译

  人工智能（Artificial Intelligence），英文缩写为 AI。它是对人的意识以及思维过程的模拟，并且能够像人那样思考，甚至有可能超越人类。2017 年人机围棋大战，中国围棋第一人柯洁三负人工智能 AlphaGo。他认为 AI 简直是围棋上帝，人类太高估自己的智慧。既然 AI 能够思考，拥有智能，那么我们能与 AI 进行交流、成为朋友吗？

  在互联网和智能手机普及之前，青少年热衷于漫画、杂志或电视节目。他们热爱流行歌星，追逐时尚和音乐潮流，并试图在成长过程中找寻自己的身份。现在，科技的发展正在提供结交朋友的新方法——例如社交媒体。无论我们在哪里，我们都可以通过移动媒体在网上体验身份，找寻自我。当然，友谊仍然是其中最重要的部分。

  然而，这种朋友关系与传统的朋友关系相去甚远。身处一个数字化、网络化的时代，我们可以拥有虚拟化的朋友，能够以各种身份进行交际，不用担心受到批评或指责。信息化时代固然有它积极的一面，但是这种以自我为中心的友谊会给真实的身份关系带来焦虑，并在现实社交场合中产生压力。

  真正的社交实际上都是相同的，那就是根本没有任何接口。没有屏幕、没有指向设备、没有不熟悉的约定。在会话中，所有无关紧要和没有意义的闲聊，都是人类互动的重要组成部分。

  事实证明，将智能手机和社交媒体等技术运用于人与人之间的交流活动，通过社交技术形成情感纽带，这对于那些希望体验数字化社交的人来说是理想之选。那么，创建一个"真正的"网络虚拟朋友就不足为奇了。

AI：最好的朋友

  现在你就可以创建这样一位新朋友——AI 聊天机器人。有线网络（Wired Online）公司自 2017 年 11 月首次推出 AI 聊天机器人以来，下载量已经达到200 万次。公司的宣传材料称，这位朋友（名字叫 Replika）"永远在你身边"，并且毫不间断地倾听你所诉说的一切，并承诺成为"一个完全独特而忠实的虚拟朋友"。对于那些缺乏自信、对社交感到恐惧和身份意识缺失的人来说，这个消息是令人欣慰的。

这款应用程序（APP）很有趣，它能够从交互学习中开发不同的自我元素，你可以通过与聊天机器人互动来训练它的智能性。可以说，人与机器人的情感交互，让机器有了温度。这位朋友没有身体，它通过 APP 与你进行思想交流。APP 中的 Replika 拥有不同的性格特征，例如自省、坚忍、聪明和温柔等。该 APP 还可以使你"放松"，建立正确的人生观。公司的宣传材料表示：

> 抽出一些时间，与你的 Replika 进入一个平静、平衡的环境。如今，我们都在手机上花费了很多时间。Replika 希望你放下手机一分钟，专注于你的身体，去看看外面的世界，呼吸一下新鲜空气。

此外，一些关键短语也可以使 Replika 作出反应。如果你说"停止"或"我不想谈论（主题）"，你的 Replika 显然不会再与你谈论这些事情。

研究显示，聊天机器人可以产生类似拥有真正宠物的益处。斯坦福大学教授赫瑟·奈特（Heather Knight）指出："社交实际上是人与人之间的互动。"

虚假的承诺

该 APP 可以鼓励人们进行自我反省和反思，还能够促使个人与虚拟朋友达成一致的观念，你的 Replika 可以被认为是另一个你。这个过程类似于美国早期社会学家查尔斯·库利（Charles Cooley）的"镜子自我"概念。这是一种通过别人来阅读自己的方式，站在别人的角度来思考自己。根据库利的概念，我们需要想象别人如何看待自己，别人是否喜欢自己，以及如何实现自我价值。

对于新的 AI 朋友，我们总是会得到最满意的回应。但我们的自我价值则被局限于我们对自己的数字化想象以及移动智能设备存储的自我谈话之中。这其实是一份虚假的承诺，并不能真实地反映你的社交能力。但无论如何，AI 依然在走入我们的生活，而且许多人通过 AI 朋友可以获得安慰和快乐。

电动汽车显露锋芒

柳丹 / 编译

气候变化一直是人们关注的热点话题，特别是它对环境和社会产生的广泛影响。世界各国也越发意识到，全球经济要从化石燃料驱动型经济向可持续的、绿色的、能减缓气候变化的经济类型转变。

首当其冲的便是交通领域。在美国，90% 以上的交通工具需依赖液体燃料行驶，绝大部分用于公路客运；中国的大部分液体燃料用于道路货物运输；澳大利亚和新西兰则主要用于航空。

目前，道路运输以汽油车和柴油车为主，引发了空气污染、交通堵塞和噪声污染等一系列问题。预计在未来的几十年里，出于对空气污染、政府法规、社会态度和科技进步的担忧，包括电力和天然气在内的非液体燃料将变得更加重要。

包括奥地利、丹麦、日本、韩国、荷兰、西班牙和葡萄牙在内的越来越多的国家确立了针对电动汽车的销售目标，英国和法国也都有意将于 2040 年全面禁售燃油车，并希望其销售的所有新车实现零排放。

英国石油公司近期的一份报告显示，全球石油需求将在 2030 年达到顶峰，而电动汽车的销量将增长 100 倍，抢占约三分之一的汽车市场。

电动汽车、电动飞机和电动轮船

目前，主要有两个国家在电动汽车和混合动力汽车领域处于全球领先地位。其一是挪威，在它 2017 年售出的新车中，有一半以上是电动汽车和混合动力汽车。另一个是中国，根据 EV Obsession 的数据，2017 年中国电动汽车销量达到 60 万辆，约占全球电动车销量的 50%，比 2016 年增长 71%；电动汽车销量不仅领跑全球，而且其国内市场也在持续增长。

在 2014 年世界环境日时中国提出了"向污染宣战"的主题，电动汽车成为这一宣言的重要组成部分，政府也在积极调整相应政策。比如，到 2025 年，中国电动汽车销量占汽车总销量的比例要达到 20% 以上。作为回应，大众集团对外宣布将在中国投资 100 亿美元推动其在电动汽车领域的技术发展，并计划到

2025 年生产 150 万辆电动汽车。

不仅是汽车，飞机也在趋于电动化。挪威计划要求所有飞行时间不超过 1.5 小时的短途航班使用电动飞机。挪威机场运营商 Avinor 也计划展开一项招标，为一条将于 2025 年采用电动飞机运营的商务航线进行测试。来自华盛顿柯克兰的 Zunum Aero 是一家由波音和捷蓝航空资助的初创公司，也计划在 2022 年之前推出一款电动飞机。此外，空中客车、劳斯莱斯和西门子也正在合作开发一款混合动力飞机，该机型最早可能于 2020 年实现首次试飞。这些尝试不仅将减少温室气体的排放，同时也将减少噪声污染。

在"电气化"方面，海上运输也取得了一些进展。客货船只和渡轮有望发展成为混合动力和电动产品，以减少对柴油等燃料的依赖。挪威的一家化工公司 YARA International 正与一家高技术集团 Kongsberg 合作，生产一种零排放的电动船。

以上提及的这些变化势在必行，无不振奋人心。但普通的消费者将如何从中受益呢？要到什么时候才能受益？可能存在什么陷阱吗？

快速转变

根据瑞士联合银行（UBS）2018 年发布的预测报告，到 2025 年，电动汽车将占据全球汽车销量的 14%。2017 年这一数字还仅为 1%，可见技术的革新和进步是如此瞬息万变。

随着技术的进步，电池将变得更加物美价廉。电动汽车使用的标准电池成本已经从 2010 年的每千瓦时 1000 美元降至现在的 130~150 美元；单次充电所能行驶的里程也在稳步增加，在电池需要充电之前，一些电动汽车甚至可以行驶 1000 千米以上。

根据此前的预测，2018 年，在欧洲一辆电动汽车（包括充电和保养）的拥车总成本将低于传统汽车。日产汽车估计，到 2025 年，电动汽车和传统汽车的价格将持平。这对司机来说是个好消息，意味着他们将能以更合理的价格买到一辆环保型汽车。

但是由此带来的就业问题日益凸显。与传统燃油汽车相比，电动汽车的可替换标准件相对较少，因而只需较少的供应链获取必要的部件，也只需较少的人员就能完成总装。可替换标准件的减少，则意味着配件和维修的市场会逐渐萎缩。接下来，许多大型工厂将逐步被淘汰，传统的汽车工人也将面临失业风险。

但与此同时，电动汽车也将创造更多就业机会或开创全新的市场。沙特阿拉伯是世界石油之都，传统汽车的发展为其带来了巨额财富。智利则拥有世界上最大的锂矿床，锂作为制造电动汽车电池的关键，可能将智利塑造成新时代的沙特阿拉伯。在这种转变下，既有输家，也有赢家。

人工智能将通过五种方式改变大学教育

牟庆璇 / 编译

在这个技术变革的时代，大学教育可以借助于人工智能，更全面地服务于学生。以学生数据为依据，真正实现因材施教；减轻教师负担，使他们更专注育人工作；学生的学习可以更加个性化和高效。

不管是日常琐事还是高度复杂的任务，人工智能正一步步深入和改变人类的许多活动。与其他许多行业不同，高等教育行业尚未真正受到人工智能的影响。

优步（Uber）的出现影响了整个出租车行业；爱彼迎（Airbnb，美国一家短租平台）打乱了酒店行业的规则；亚马逊（Amazon）刚出现的时候只是给书店造成危机，现在已经给整个零售行业敲响警钟。因此，高等教育领域发生重大转变只是时间问题。

短短几年之内，大学发生的变化已经超越了之前的认知，而人工智能的出现将通过五种方式更好地塑造高等教育的未来。

个性化学习

有研究表明，不同的人在同样的环境中学习相同的内容时，会表现出不同资质、才能和感兴趣的方向。基于此，大学通过使用人工智能算法实现个性化学习，根据每个学生学习的需要和进度来创造相应的条件。当然，这种情况会一直持续下去。

给学生提供个性化的自适应学习平台，这种学习的多样性是学习生态系统的一部分。对于大学而言，这将是一个重大变革，因为它不再是传统的"一个模式适用于所有人"。

通过分析每个学生的需求来创建数据库，老师们根据数据库调整自己的工作，以适应每个学生独特的学习风格和节奏。

新型教室

随着教育型人工智能的发展，学生能够在任何平台随时随地学习他们想要的内容，这可能意味着平板电脑和手机将成为主要的查询方式。

大学已经在使用智能建筑的概念来重新设计学习环境。新型智能教室通常配备有圆桌、笔记本电脑、平板显示器、多台投影仪和白板，用这种方式鼓励和支持老师学生协同合作以及学生积极主动学习。

这有助于教育工作者摆脱传统的课堂设置，转向更加互动的工作方式，采用更深入的学习方法。同时，还会有更多更新的混合学习方法，例如视频课堂和在线互动等。

智能校园

物联网（The Internet of Things）的构建会将大学变成更智能的工作和学习场所。其核心理念很简单，即通过互联网连接设备，让每个人能够更方便地接触对方，通过彼此交流来加深学习。

智能教室也将增强学生的学习体验。与物联网连接的智能教室能够适应个性化配置，为不同学生准备教室。同时，考勤和监考也将更加自动化和轻松。

这种技术的发展将使校园采用先进的智能系统来自动管理和控制每个设施，停车位、建筑警报、房间使用情况、供暖和照明等后勤配置将得到非常简单和准确的监控。

优秀的用户体验

人工智能还能够使大学简化办公流程，从而节省成本和提高服务水平。澳大利亚迪肯大学（Deakin University）就是一个很好的例子。该大学与 IBM 公司合作，成为全球第一个配备沃森助手（Watson Assistant）的大学。沃森助手是 IBM 公司开发的超级计算机，结合了人工智能和复杂的分析软件来回答用户的问题。

沃森助手最大的亮点是可以向人类学习从而具有处理问题的能力。此功能使用 90 台服务器，其中有包含超过 2 亿页信息的组合数据存储区，并针对 600 万条逻辑规则进行分析处理。

迪肯大学的目标是创建全天候 24 小时的在线学生咨询服务，这将改善学生的体验。通过将单一操作界面和在线个人中心进行整合，迪肯大学做到了使学生能够在提出问题后即时在线接收答案。

区块链

在大学中使用人工智能具有创新意义的一个方面是使用区块链。这将彻底改变大学的运作方式，因为高等教育机构可以利用这一技术实现学生学分的认可和转让，从而为各个大学之间开放学习创造了机会。

大学也可以使用区块链注册和记录学术研究的知识产权。版权在公开的时候就会得到公证，之后的重新使用就可以进行影响评估。这将打破大学传统的学术模式，并有助于展现学术研究的真正影响。

人工智能意味着科学研究的终结吗？

王雷 / 编译

众所周知，夏季的天气情况是令人懊恼的。降水、温度、湿度、风速或风向等因素组成了一个复杂的混沌系统，其中任何的微小变化都可能影响一天中的天气情况，这就导致了未来七天内的天气预报变得越来越不可靠。那么，如果能够很好地理解这个混沌系统，我们能够准确地预测未来一段时间内的天气变化吗？

从 2018 年开始，科学家已经在这样做了。他们使用机器学习，通过观察混沌系统的动力学变化，准确地预测天气变化的情况。机器学习是专门研究计算机怎样模拟或实现人类的学习行为的一门多领域交叉学科。它是人工智能（AI）的核心，其应用遍及人工智能的各个领域。

人工智能

近年来，AI 已经成为研究热点。2017 年，谷歌旗下的人工智能公司 DeepMind 的科研团队构建了新的项目 AlphaGo Zero，它在大约一天内从头开始自学国际象棋规则，然后击败了世界上最好的国际象棋棋手。通过机器学习系统，新一代的 AlphaGo Zero 不再依靠人类数据，并且能够通过自学能力在棋类项目上达到一定的高度。AlphaGo Zero 通过观察一个过程或与自己对抗来迅速建立起自我的系统知识，它的每一步都在自我改进。

AI 的学习能力给人类以敬畏、恐惧和兴奋的感觉，以至于我们经常听到这样的言论：AI 很可能导致人类的永生或者灭绝，而这一切很可能会马上发生。而本文的关注点更为简单：AI 对于科学的未来意味着什么？

预测和理解

大多数科学家认为，预测和理解不是一个概念。举个例子，1000 多年前人们使用古典数学家托勒密（Ptolemy）传承的方法来预测行星在天空中的运行规律。当时，托勒密对引力理论一无所知，甚至认为太阳也不是太阳系的中心。托

地球大气层的变化是混沌理论的范例

勒密的方法使用圆周率进行复杂的计算，虽然此方法预测行星的运动很完美，但没有人理解该方法是否正确以及行星是否遵循这样的规律？

然后依次是哥白尼（Copernicus）、伽利略（Galileo）、开普勒（Kepler）和牛顿（Newton）的努力。牛顿发现了行星运动的基本微分方程，即可以使用相同的微分方程来描述太阳系中的每颗行星。与托勒密算法相比，求解微分方程被证明是一种更有效的预测行星运动的方法。更重要的是，该方程的统一性适用于更普遍的物体——落地的苹果、火箭、卫星以及星系，这就是我们所熟知的万有引力定律。

找到一组描述统一原理的方程，然后再进行普遍性应用，这种基本模式已经一次次成功地应用于物理学。或者先找出标准模型，然后进行更准确的描述。标准模型在粒子物理学中准确地描述了每个原子或粒子的基本结构。同时，标准模型也是我们试图了解高温超导、暗物质和量子计算机的主要方式。在所有的科学中，对某些概念的理解都需要这样的模式：把一个复杂的现象归结为一套简单的原则，然后去理解它。然而，也有一些例外。天气预测困难的原因之一——湍流就是物理学中的一个例外；在生物学的绝大多数问题中，错综复杂的结构也不会遵循简单的统一原则。

银河系   克雷伯氏菌

正如古希腊人从神秘的德尔斐甲骨文（Oracle of Delphi）中寻求答案一样，我们也许很快就会通过人工智能来寻求科学中许多难题的答案。目前，AI 已经开始进入自动驾驶汽车和股票投资市场。近期的研究表明，AI 也可能有助于确定治疗抗生素耐药性细菌的新药物，如克雷伯氏菌（Klebsiella）。此外，AI 也许很快就能够预测未来两周的天气状况。

AI 也许能够更好地得出预测结果，并且不依赖于固定的数学模型和方程式。

例如，凭借大型强子对撞机数十亿次碰撞的数据，AI 在预测粒子物理实验的结果方面甚至比物理学家的标准模型做得更好！

科学理解的终结？

机器智能会对科学进步和科学哲学产生巨大的影响。面对 AI 越来越完美无瑕的预测，虽然是通过人类无法理解的方法获得，但是我们能继续否认机器学习的能力吗？如果预测是科学的主要目标，那我们应该如何修改科学方法？如果我们放弃理解，还有没有必要追求所谓的科学知识？

对于这些问题，我们都没有答案。除非我们能够清楚地阐明：科学不仅仅是进行良好的预测，还需要具有基本的科学知识。一旦受过训练的 AI 可以完成科学家的工作，那么科学家还需要做什么呢？

瑞典人已迈入"体内微芯片"支付时代

张玥 / 编译

当我们还在为自己不用带现金上街、只要拿着手机上的支付宝和微信"扫一扫"就可以轻松支付而沾沾自喜时，瑞典人已经把主意打到了自己身上……

是的，成千上万的瑞典人正在向自己体内插入微芯片。这种芯片可以作为无接触式的信用卡、钥匙卡甚至是地铁卡。

一旦将这种芯片植入皮肤之下，你就无须再担心自己不小心把某张卡丢在了哪里，口袋里也不用再揣着沉甸甸的钱包了。但对于不少人而言，在体内携带微芯片，感觉并不现实，倒有点反乌托邦的意思。

有些人表示，瑞典是在福利方面做得很好的国家，这也可能是引起这一热潮的原因。但究竟是什么原因让 3500 多名瑞典人向体内植入微芯片，其背后的故事可能比想象中的更复杂。

瑞典隆德大学研究数字文化的讲师莫娃·彼得森（Moa Petersén）曾经撰

文指出，这一"微芯片热潮"反映了瑞典独特的生物黑客现象。如果抛开表面探究本质就会发现，瑞典人对数字技术的热爱远不止这些微芯片。

生物黑客

生物黑客（biohacker）一词指的是在传统机构（如大学、医疗企业和其他受科学控制的环境）之外进行生物医药实验的业余生物学家。正如电脑黑客会非法侵入他人电脑一样，生物黑客会非法侵入生物类的东西。

如今，生物黑客已形成了一种较为多元的文化，有很多不同的细小分支——他们有着不同类型的兴趣、目标和意识形态。但在这种多元文化中，有两大主要分支："湿件黑客（wetware hackers）"和超人类主义者。

湿件黑客是指拥有公众科学业余爱好的生物学家，利用自己的家用器具建立实验室。他们进行的是所谓的"节俭的科学研究"，通过寻找廉价的解决方案，帮助发展中国家提升人民的生活水平。但他们所做的更多的是有趣的实验，例如对植物进行基因改造使其发光，或是利用藻类制作新型啤酒。

另一类则是超人类主义者，他们专注于增强和改善人体——其长期目标是推动全人类的发展。他们认为，只有通过跳出生物学限制来完善自我，人类在未来才能与 AI 一决高下。

现象背后

数千名瑞典人植入了微芯片

通常，不同的生物黑客现象反映了其成长所源自的社会和文化环境的不同特点。

例如，欧洲的生物黑客通常就表现得与北美的生物黑客有所不同：北美的生物黑客组织通常关注的是如何研发出在现有医疗保健行业之外的额外选择；与此同时，欧洲团体更多关注的是如何能够帮助发展中国家的人民,或参与到具有美感的生物项目当中。

但事实上,瑞典的生物黑客文化与欧洲的主流生物黑客文化也有所不同。瑞典的生物黑客大多参与到超人类主义的运动当中。正是这些超人类主义者——具体来说,是"葛润德（grinders）"这个分支——在推动微芯片植入这一热潮,将 NFC 芯片植入到数千名瑞典人的大拇指和食指之间。据了解,数十年来,这种微芯片的长期用途是追踪动物和包裹。

瑞典人的数字信心

在体内植入动物和包裹常用的微芯片——这个听起来有些疼的奇怪选择——为什么让瑞典人乐此不疲?人们提出的一种解释是,瑞典人更愿意分享自己的私人信息。这与瑞典现有的社会安全体系结构不无关系。

有一种说法:"天真的瑞典人"一贯天真地信任他们的政府和瑞典的国家体系。这其实有些言过其实——甚至瑞典外交部也提到这一点。彼得森指出,即便这种"天真"可以部分解释这一现象,也肯定不能代表事实的全部。更令人信服的一种说法是,在瑞典,人们对于所有与数字技术相关的东西都具有强大的信心。瑞典人深信技术强大的发展潜力及其为社会带来的积极影响。

过去 20 多年来,瑞典政府大力投入技术基础设施建设,如今已见成效。目前,瑞典经济大量依靠数字出口、数字服务和数字技术创新,而且瑞典已经成为全球最成功的数字产品制造和出口国家。在瑞典创建的著名跨国企业包括 Skype 网络电话和 Spotify 流媒体音乐服务平台等。

对数字技术及其潜在发展所持有的信心极大地影响了瑞典的文化,超人类主义运动正是基于此而发展开来。事实上,瑞典在超人类主义意识形态的形成上起到了重要的作用。全球性的超人类主义基金会"Humanity+"正是由来自瑞典的尼克·博斯特罗姆（Nick Bostrom）在 1998 年联合创立的。自那以后,很多瑞典人都相信,他们应该要致力于提升和改善自己的身体。

因此,彼得森指出,当全球震惊于数千名瑞典人接受了微芯片植入的同时,科研人员应该利用此次机会,深入研究瑞典深入人心的数字文化。毕竟,这次微芯片事件只是瑞典人特殊的技术信仰所产生的一次社会现象而已。

纳米医学：治疗结核病的新方式

王雷 / 编译

　　结核病是一种慢性传染病，主要由结核分枝杆菌的感染引起。结核病是世界上最致命的传染病之一，每年全世界范围内大约新增 1040 万例，死亡 170 万例。结核病难以控制的原因之一是用于治疗的药物需要严格的组合方案，而且药物可能是有毒性的。结核病的治疗至少要持续六个月的时间，并且每日服用大量的抗菌类药物（一般至少有四种抗生素的组合）。

　　治疗结核病的药物大多都不利于身体吸收，因此患者每日需要服用很大的剂量。即使药物能够到达感染部位，也只有一部分药物会进入受感染的组织去对抗细菌。由于人体自身的代谢功能，这些药物在体内也会被迅速地降解。而且这些药物不只针对身体的感染区域，对正常的身体细胞也表现出相当大的毒性，例如，会造成肝脏损伤、手脚刺痛以及关节疼痛。在某些情况下，这些药物只能作为注射剂进入肌肉，这是一个痛苦的过程，患者需要每日进行诊疗或长期住院。

　　所有这些因素导致了结核病的治疗步履维艰，并且这种治疗方案会导致耐药性结核菌株的产生和传播。耐药性结核病的治疗更加艰难，治疗时间长达两年。

　　然而，纳米医学（nanomedicine）运用于结核病的治疗给患者带来了新的希望。研究人员一直致力于纳米医学用于结核病治疗的研究，并且已经在动物身上进行了实验。来自南非的研究人员莎拉·德苏扎（Sarah D. Souza）和厄德曼·杜贝（Admire Dube）就在西开普大学（University of the Western Cape）进行纳米医学和结核病的研究。

纳米医学

　　纳米医学是利用纳米技术来诊断或治疗疾病。简单来说，纳米技术就是创造出纳米尺寸范围内的结构。纳米是很小的长度单位，1 纳米相当于一缕头发丝直径的万分之一，人类 DNA 的直径约为 2.5 纳米。随着科学的进步，科学家能够设计出装载结核病药物的纳米颗粒，并将它们运送到人体内的感染部位。

　　纳米颗粒可以装载各种类型的药物，例如蛋白质、DNA 甚至是来自植物的提取物。单个纳米颗粒也可以装载多种药物或单一类型药物的混合物。纳米颗粒药物可通过吞咽、吸入、注射等方式进入人体。

纳米药物已经被用于治疗癌症患者。例如，阿霉素脂质体（Doxil）和白蛋白结合型紫杉醇（Abraxane），另一种纳米药物异丙酚（Diprivan）被用来作麻醉剂。研究人员认为，纳米医学可以极大地帮助结核病患者，患者可以在较短的时间内服用较少的药物，从而减少药物的毒副作用。

德苏扎和杜贝的研究主要集中在将纳米颗粒应用于免疫系统的靶细胞（巨噬细胞）。结核分枝杆菌能够在巨噬细胞内繁殖，并通过身体的免疫系统逃避药物的"追杀"。纳米颗粒可以向巨噬细胞传递免疫调节信号，从而使药物"杀死"致病的结核分枝杆菌。这种形式的免疫疗法具有很好的前景，可以预防耐药性结核菌株的产生。

纳米医学治疗结核病

纳米颗粒用于治疗结核病的优势在于它们可以精准定位，而且纳米颗粒能够保护药物在到达感染部位之前免于被身体代谢系统消耗掉。纳米颗粒也可以只定位于感染部位。首先，科学家可以将化学物质附着在纳米颗粒的表面上，这些物质可以精准地附

纳米颗粒药物

着于感染部位。然后，纳米颗粒中的药物释放出来，被器官吸收。这样一来，结核病药物只会在必要的感染部位起作用，需要的药物会越来越少，相应的毒副作用也会降低。此外，纳米颗粒还可以控制药物释放的速率，从而延长药物在感染部位内的作用时间，这对于每天必须服用大量药物的结核病患者具有重要意义。

我们希望这些特异性的结核病纳米药物在未来几年内能够进入临床试验，并被证明是安全有效的，从而解决一直困扰人类的慢性传染病——结核病。

科学家新发现的人类脑细胞——玫瑰果神经元

李麟辉 / 编译

人类的大脑为什么有别于其他动物的大脑？这是该领域最有趣也最难回答的难题之一。2018 年，科学家找到了可能的答案：他们在人类大脑中新发现了一种神经元——玫瑰果神经元。科学家并未在小鼠脑中发现这种神经元，因此这种神经元或许只存在于人类大脑中。

西雅图艾伦脑科学研究所的研究员埃德·莱因（Ed Lein）博士说："我们并不清楚是什么让人类大脑变得如此特别。从细胞和回路层面研究这些差异是一个很好的起点，而且我们现在已经有了新工具来进行研究。"

这项于 2018 年 8 月 27 日发表在《自然·神经科学》（Nature Neuroscience）上的新研究，或许找到了揭示这个难题的答案。

这个由莱因和匈牙利赛格德大学的神经科学家加博·塔马斯（Gábor Tamás）博士领导的研究团队新发现了一种人脑细胞，而这些细胞从未在小鼠或其他实验室动物的大脑中发现。因为围绕这些细胞中心的细胞轴突形成的密集束看上去就像一朵花瓣脱落的玫瑰，所以塔马斯和赛格德大学的博士生将这些新细胞称为"玫瑰果神经元"。这些新发现的细胞属于抑制性神经元，它们对大脑中其他神经元的活动起到了抑制作用。

目前，该研究尚未证明这种特殊的脑细胞是人类独有的。但是该细胞并不存在于啮齿类动物体内，所以这项研究可能再次在仅存在于人类或灵长类动物的特化神经元中添加了一个新成员。

研究人员尚未了解这种细胞在人类大脑中的作用，但因为它们不存在于小鼠的大脑中，这使得通过实验室动物来建立人类大脑疾病模型非常困难。该实验室的下一步工作之一是在神经精神障碍患者的死亡脑组织样本中寻找玫瑰果神经元，以确定这种特化细胞是否会被人类疾病所改变。

美艳如玫瑰一样的细胞

在该项研究中，研究人员使用了两位男性的死亡脑组织样本。他们死亡时

50多岁，将遗体捐献用于研究。研究人员获取了大脑皮质的顶层切片，这一最外层的大脑区域负责人类意识以及被认为只属于人类的许多其他功能。

与其他动物相比，人类的这个大脑区域相对于身体体积要大得多。

莱因说："这是大脑最复杂的部分，通常被认为是自然界中最复杂的结构。"

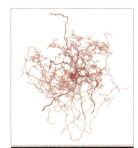

塔马斯的实验室利用一种经典的神经科学方法对人类大脑进行了研究，并对细胞结构和电学特性进行了详细分析。

在艾伦研究所，莱因领导的团队发现了一系列造成人类大脑细胞与小鼠大脑细胞差异的基因。几年前，塔马斯访问了艾伦研究所，展示了他对人类大脑细胞特化类型的最新研究。这两个研究团队很快发现，他们使用截然不同的技术却发现了相同的细胞。

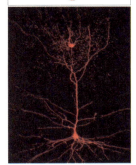

玫瑰果细胞能够激活一组独特的基因，与人脑皮层不同部位的另一种神经元形成突触，称为锥体神经元。这项人类大脑皮层研究首次结合不同的技术来研究细胞类型。

玫瑰果神经元（上）与锥体神经元（下）形成突触

然而，尽管这些技术在单独使用时非常有效，但是它们无法让人们了解到细胞的全貌。如果将它们结合使用，人们就能获得关于细胞的各种互相补充的信息，而这很可能让我们弄清楚细胞在大脑中是如何工作的。

新细胞的独特功能

玫瑰果神经元的独特之处在于，它们只附着于其细胞"同伴"的一个特殊部位，这表明它们可能以一种非常特殊的方式控制信息流。

如果把所有的抑制性神经元想象成汽车的刹车装置，玫瑰果神经元能够使你把车停在非常特殊的位置。比如，它们像是一个只在杂货店工作的刹车装置，而且不是所有的汽车（其他的动物）都拥有这种刹车装置。

塔马斯说："这种特殊的细胞类型（或者说是刹车类型）能够在其他细胞无法停止的地方停下来。参与到啮齿动物大脑中的'交通'过程的'汽车'或细胞无法在这些位置停下来。"

研究人员接下来的工作是在大脑中的其他位置寻找玫瑰果神经元，并探索它们在大脑疾病中的潜在作用。

尽管科学家还不知道玫瑰果神经元是否真的只属于人类，但是它们不存在于啮齿类动物大脑中的这一事实再次表明，实验室小鼠并非人类疾病的完美模型，尤其是对于神经疾病来说。

研究人员表示，人类大脑并非只是小鼠大脑的扩大版。多年来人们一直在关注这个问题，但是他们的这项研究从多个角度阐明了这个问题。

科学研究表明，人类的很多器官都可以在动物模型中合理地建模。但是，让人类与动物王国的其他部分区别开来的是人类大脑的能力和输出，这使人类十分独特。事实证明，使用动物模型来模拟人类大脑是非常困难的。

抗衰老药物即将到来

张玥 / 编译

到 2050 年，全球将会有近 100 亿人生活在地球上，其中 20 亿人超过 60 岁。衰老是引发糖尿病、心血管疾病等多种慢性病从而威胁生命健康的重要因素。频繁的发病对于老年人来说是最令人痛苦的部分——影响着患者的独立性，也给公共医疗保健体系带来巨大压力。

对此，英国布莱顿大学生物与老年医学教授理查德·法拉格（Richard Faragher）撰文表示，为了让人们能够安度晚年，我们必须要在组织、细胞和分子层面理解衰老的生物学原理，并利用这一理解推动形成新的预防医学。

他表示，有消息称"抗衰老药物"即将到来，该药物可以让人们活到 150 岁，并让器官能够再生。消息称该药物到 2020 年即可推广，价格也比较低廉。但如何看待这一消息，法拉格表示，首先应着眼于现有证据。

自古希腊时期开始，人们就在争论衰老与疾病之间的关系。如今，似乎有可能所有与年龄相关的疾病本质上都与衰老过程有关。但并不是所有与年龄有关的改变都是有害无益的。本质上来讲，人类拥有一套维持健康的机制，帮助我们在人生早期阶段保持健康的体魄，但随着年龄增长，这些机制开始出现问题。抗衰老药物所做的就是增强其中一个或多个机制，维持身体健康。

几种主要方法

如今，我们开始理解其中的几大主要机制。例如，衰老细胞、随着年龄增长不断增加的功能障碍细胞，通常会随着时间形成和消失。这是一种逐渐进化出来的维护健康机制，让我们能够远离癌症。然而如果移除这些细胞的功能出现故障，则会造成对组织的损伤——导致衰老和疾病。在实验条件下移除这些细胞，能够带来一系列的好处。

蛋白质降解与合成同时也对衰老至关重要。部分降解蛋白可能会慢慢积累，影响细胞功能。研究显示，利用雷帕霉素药物进行治疗可以促进正常的蛋白质周转机制——增加小鼠的寿命，或是提高人体免疫功能。

随着年龄增长，我们的器官和组织质量开始下降，废物增多。在我们年轻时，器官和组织内细胞的定期补给会由体内非定向的干细胞"后备军"（这些干细胞可以分化为不同细胞）进行，以维持人体健康。这就像是在你的活期账户用完时，就会用到你的储蓄账户。干细胞疗法因此可能会帮助你对抗衰老。

尽管在体外培养干细胞再移入体内似乎比较麻烦，但有证据显示，激活被称为去乙酰化酶（sirtuins）的一类蛋白可以增强这种干细胞的维持。例如，含有化合物烟酰胺核糖的治疗方法可以提升去乙酰化酶的活性，并且恢复小鼠肌肉中干细胞的功能，这有可能是一种治疗方法。

人体也存在一些机制会危害到老年人抵抗严重生理应激反应的能力。人们发现，利用一系列不同的分子（有些可以在饮食结构中找到）能够阻止这种机制。

除这些机制之外，科学家也逐渐证明，衰老是如何破坏协调大脑和器官功能的机制，以及未来这将如何被延缓。但法拉格也指出，我们如今已经掌握了足够的知识，至少已经了解部分人体生理过程，能够用于设计激活其活力的新方法。

抗衰老药物即将来临?

2018 年发表的一篇文章称,一项研究为 2020 年制成抗衰老药物带来了希望。法拉格表示,这并不完全是错误的,但也不那么准确。关于烟酰胺核糖有可能恢复肌肉干细胞活性的夸张说法,就是一个恰当的例子。

虽然这项研究具有很高的科学价值,而且在小鼠中表现出色,但它缺乏更相关的人类研究数据来证明这一补充成分可以安全提升活性水平。没有真正的证据显示,这些补充剂能够延长人类寿命或是让器官再生长。

法拉格认为,所谓的将寿命延长至 150 岁,这种吹嘘的说法也有点不可靠,这意味着将人类的寿命范围延长了 25%。而且尽管在某些实验动物(例如移除了衰老细胞的小鼠)上的寿命延长看起来合理,但这其实是在玩数字游戏。

即便你相信通过某种方法可以让小鼠寿命延长这么多,所以通过另一种方法这也能在人类身上实现,但法拉格还指出,我们绝大多数人无法活到 150 岁以上(他举例说,在英国,活到 105 岁以上的居民不足千人)。

讽刺的是,此类故事忽略了真正让人兴奋的信息,那就是制药企业开始真正重视研发延长寿命的药物。这是药企在态度上的重大转变,但从意向到实践仍然有很长的路要走。事实上,人类的药品柜里大约只有 1500 多种"分子药物"。

这是因为药物研发是成本高昂、耗时耗力的一个过程。大约整个过程的预估成本可达 25 亿美元,需要花费 10 年时间。更糟糕的是,在研发抗衰老药物时,研究人员还会面临一个额外的问题:你怎么知道这个药物是有效的?"典型的"临床试验需要 1~2 年时间。没有人能够肯定,一个可能的特效药会将你的寿命延长 5~10 年。而且,你要在谁身上试药呢?

幸运的是,目前已有人提出一个优质的解决方案。经过与美国食品药品监督管理局(FDA)的磋商,糖尿病治疗药物二甲双胍的抗衰老计划(TAME)是一项新的临床试验方案。该计划观察到,每个患者最初产生身体机能损伤(如骨质疏松症、糖尿病或心血管疾病)的年纪差异甚大,但是从第一次损伤到第二次损伤的时间(例如从糖尿病发展到心血管疾病)更为紧凑,在 2~4 年内。这就意味着,能够改善健康维护系统的药物将会延缓首次发病和二次损伤之间的时间——因此该药物的研发也就有可能在短期内看到临床试验是否有效。原则上来讲,企业也就能够为衰老开药方。

因此，法拉格也提醒公众要谨慎看待某种药品现在就可以让寿命延至 150 岁的说法——你不可能明天就能吃上抗衰老药物。但他也很高兴地看到，如今很多基础科学知识、转化策略和交付技术已纷纷涌现出来。

时间也是一种晶体？

李麟辉 / 编译

科学巨人爱因斯坦曾说，我们生活在四维时空，这个时空包含看得见、摸得到的三维空间及一个名称为"时间"的第四维度。早在 2012 年，诺贝尔奖得主、美国麻省理工学院教授弗兰克·维尔泽克（Frank Wilczek）首次提出"时间晶体"的物质形态。这种"时间晶体"的概念似乎十分抽象，但它意味着物理学进入一个新的时代。

常规晶体

常规晶体是一个三维物体，它们的内部原子按照有规则的顺序重复排列构成，是有对称性的。由于它具有"规律的"格子构造，在晶体中相等的晶面、晶棱、角顶会有规律地重复出现。所以晶体的对称性不仅表现在外部形态上，而且其内部构造也同样是对称的。根据物理学的规律，晶体的形成在各个方向是一样的，例如水晶、雪花等。

物理定律中的空间也是对称的。在同一类别的物质中，晶体拥有最小的内能。晶体内部质点规律排列造就了质点间的引力及斥力达到完美平衡，使得晶体的各个部分位能达到最低。但物理定律不仅在空间上对称，而且在时间上也是对称的，"时间晶体"的概念由此而生。

时间晶体

时间晶体是一种四维晶体，在时空中拥有一种周期性结构。一个时间晶体能自发破坏时间平移的对称性。它可以随着时间改变，但是会持续回到它开始时的形态，就如机械钟表的指针周期性地回到它的原始位置。与普通的钟或者其他周期性的过程不同的是，时间晶体和空间晶体一样会处于能量最低的状态。可以将它看作是一只可以永远保持走时精确无误的钟，即便是在宇宙达到热寂之后也是如此。

2017年，澳大利亚科学家也提出，人们不应该局限于目前所认识的"空间平移对称性"（spatial translation symmetry）三维空间物质，而需要探索诸如"时间晶体"等"非平衡态物质"（non-equilibrium matter）。同年3月，哈佛大学物理学教授米哈伊尔·卢金（Mikhail Lukin）及两位韩国科学家等以金刚石和其中随机分布的100万个氮－空位为实验平台，制备出了一种离散时间晶体。该实验方法验证了在多样本情况下的规则性，结果暗示"时间晶体"这种物质状态在自然界中发生的可能性比想象中要高。在另一篇论文中，马里兰大学的张颉颃博士与同事利用电机囚禁离子的方式实现了类似的结果，但其仅使用了70个镱离子。这种方法便于利用计算机模拟，以进行理论和实验结果之间的比较，但缺乏大规模样本下的支撑。

研究人员表示，时间晶体类似于果冻。当你触碰这块水晶果冻时，它就能晃动起来。唯一不同的是，时间晶体的抖动不会消耗任何能量。根据定义来看，时间晶体永远不会停止这种振荡，无论它们包含多少能量。这种神奇的结构类似于永动机，处于一种永动状态，但并不违背能量守恒定律。

研究意义

卢金表示，发现了现在还不为人知的新的物质状态，时间晶体的意义在于它可以展示物理学核心概念中"时间平移对称性的自发性破缺"的存在。另一位主导理论设计的共同第一作者崔顺源称，哈佛大学的研究和此前已有的研究大有不同，并以这次实验为契机，为更新的理论研究提供了素材。他还表示，"时间晶体"研究尚处在初级阶段，期待发现更多有趣的东西。

物理学家研究时间晶体，有着实际和重要的科学理由：有了这种四维晶体，科学家将拥有一种全新的、更加有效的手段对复杂的物理性质和大量粒子的复杂相互作用行为进行研究，即研究物理学中所谓的"多体问题"。时间晶体同样可以被用来对量子世界进行研究，如量子纠缠现象。在这种状态中，当对其中一个粒子进行操作时，另外一个粒子也会相应地发生变化，即便这两个粒子被隔开很远的距离。

"时间晶体"最酷的一点，是它能在绝对零度附近保持运动。因此，在维尔泽克的设想中，未来会有一天，人类可以对时间晶体进行编程，把大脑意识上传到"时间晶体"中，做成时光胶囊。它并没有输出，只能周而复始地重复我们预先编制好的程序。我们可以把一生中最美好最难忘的回忆和感受存在其中，不断重演那些最美妙的瞬间。拥有了这样的时光胶囊，即使地老天荒，即使宇宙热寂，那些美妙的情感仍旧存在。

也许，"时间晶体"将为物理学研究打开一个全新的世界。然而，让爱与回忆超越宇宙尽头，才是我们研究"时间晶体"最浪漫的动机。

吃辣椒并非人类独爱

李麟辉 / 撰文

编者按：

　　树鼩（*Tupaia belangeri*），脊索动物门哺乳纲树鼩科树鼩属动物。体长19~20厘米，体重50~270克，头部长度为12~21厘米，尾长14~20厘米，体背毛以橄榄褐色为主，颈侧有淡黄色条纹，腹毛由灰色至白色，背腹之间毛色界线分明，尾毛与体色相同。前后足均有五趾，每趾都有发达而尖锐的爪，吻部尖长，耳较短，头骨的眶后突发达，形成一骨质眼球，脑室较大。善攀登、

树鼩

跳跃，行动敏捷，胆小易惊，有较强的领地意识。能发出8种不同的声音用于警报、注意、接触和防御。食物以昆虫为主，也可食用幼鸟、鸟蛋、谷类、果类、

树叶等。树鼩主要分布在克拉地峡以北的东南亚地区，已被列入世界自然保护联盟（IUCN）2016 年公布的《濒危物种红色名录》，属于低危物种。2018 年 7 月 12 日，中国科学院昆明动物研究所赖仞研究员团队在著名生物学期刊《公共科学图书馆·生物学》（*PLoS Biology*）上发表论文，宣布他们发现树鼩可以直接进食富含辣椒素的红辣椒，并且对含有辣椒素的食物不敏感。

人们常说酸甜苦辣咸，五味杂陈。然而，"辣"并非味觉，而是一种痛觉。迄今为止，哺乳动物中只有人类可以通过后天学习和训练，从"辣"这种痛觉感受中获得愉悦。对于其他哺乳动物而言，"辣"则是一种强烈的疼痛信号，使它们得以远离那些带有"危险信号"的植物。而且，植物产生辛辣化合物的目的也正是避免哺乳动物的采食。它们更倾向于被鸟类采食，这样可以把种子散播到更远的地方，有利于物种的扩散。

树鼩为何不怕辣

在过去的科学研究中，科学家从未发现任何哺乳动物具有主动进食辣椒的能力。令人惊奇的是，树鼩这种动物竟然可以直接进食富含辣椒素的红辣椒，并且对含有辣椒素的食物不敏感。研究团队通过全基因组扫描和全细胞膜片钳技术，发现树鼩的辣椒素受体 TRPV1 离子通道受到了强烈的正选择，其对辣椒素的敏感性只有小鼠 TRPV1 的十分之一。通过使用电生理、定点突变、结构模拟等研究手段，他们进一步确认，树鼩 TRPV1 对辣椒素的低敏感性是由于其 579 位点苏氨酸突变为甲硫氨酸导致的。这一突变使得辣椒素与树鼩 TRPV1 不能在该位点形成相互作用，严重影响了辣椒素的结合。

研究团队通过对 5 个种群中的 155 个野生树鼩个体的基因测序，发现辣椒不是导致这一基因突变发生的原因。在树鼩的栖息地东南亚，研究者发现它们偏好食用一种当地广泛生长的胡椒属植物——芦子藤，这种植物富含一种辣椒素类似物——Cap2，使这一植物具有"辣"的特性。实验结果显示，树鼩 TRPV1 对 Cap2 的敏感性仅有小鼠的千分之一，而将树鼩 TRPV1 579 位点的甲硫氨酸突变成苏氨酸可以使树鼩 TRPV1 对 Cap2 的敏感性上升 1000 倍。研究人员综合行为学、生化分析、进化学分析、电生理功能和结构模拟等方面的实验数据，揭示了芦子藤中的辣椒素类似物 Cap2 分子作为树鼩 TRPV1 579 位点突变的环境压力，降低了树鼩对辛辣食物的敏感性，使树鼩具有更为广泛的食谱，从而获得更强的生存适应能力。

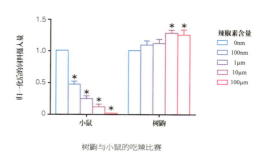

树鼩与小鼠的吃辣比赛

树鼩是灵长类近亲

树鼩虽然形似松鼠，却是一种高等哺乳动物。赖仞的团队发现了树鼩可以主动进食辣椒后，就利用全基因组扫描、全细胞膜片钳技术、定点突变、分子结构模拟和动物行为等手段对树鼩进行研究。

在全基因组序列分析研究中，树鼩与灵长类系统发育关系最近，这说明树鼩是灵长类而非啮齿类的近亲。树鼩不仅进化地位与灵长类更接近，而且在行为学上也十分有趣。例如树鼩喜好从自然界中寻找含有酒精的天然饮料，比如过度成熟发酵的果实；而且，树鼩还会将自己的粪便作为氮源提供给猪笼草，使其为树鼩提供更加丰富的花蜜。这些证据都表明树鼩与植物之间具有令人惊叹的交流能力。

再次印证达尔文进化论

树鼩主要生活在热带、亚热带的灌木丛中，树栖生活，昼间活动。对辣椒素及辣椒素类似物的低敏感性使得树鼩能够广泛摄食辛辣性食物。而这一特点，让树鼩在地形、气候等环境因素发生变化时，通过拓展更为广泛的食谱来获得更强的生存适应能力。这充分证明了达尔文进化论中"适者生存"的理论。

然而，人类之所以可以"享受"辣的痛感，并非因为人类对辣椒素产生了耐受，反之是因为人类能够将这种痛觉在大脑的高级神经环路中进行转化和学习，将这一痛觉感受进行认知转换，最终变为愉悦的体验。虽然树鼩也能够与"辣"共舞，但背后的原因却有根本的不同。在漫长的进化之路上，树鼩与人类还是有着遥不可及的距离。

　　根据达尔文的进化论，不知道被树鼩"欺负"了的芦子藤，在若干年后会不会找到新的方法对付这些"升级版"的"食客"呢？

2018年诺贝尔奖新发现：癌症或可通过免疫调节进行治疗

黄魁/编译

编者按：

　　在医学上，癌（cancer）是指起源于上皮组织的恶性肿瘤，是恶性肿瘤中最常见的一类。起源于间叶组织的恶性肿瘤统称为肉瘤。有少数恶性肿瘤不按上述原则命名，如肾母细胞瘤、恶性畸胎瘤等。一般人们所说的"癌症"习惯上泛指所有恶性肿瘤。癌症具有细胞分化和增殖异常、生长失去控制、浸润性和转移性等生物学特征，其发生是一个多因子、多步骤的复杂过程，分为致癌、促癌、演进三个过程，与吸烟、感染、职业暴露、环境污染、不合理膳食、遗传因素密切相关。癌症的预防和治疗是医学上的难题。

美国得克萨斯大学奥斯汀分校免疫学家詹姆斯·艾利森（James P. Allison）和日本京都大学教授本庶佑（Tasuku Honjo）

　　北京时间2018年10月1日下午5时30分，2018年度诺贝尔生理学或医学奖获得者揭晓，该奖项授予美国得克萨斯大学奥斯汀分校免疫学家詹姆斯·艾利森（James P. Allison）和日本京都大学教授本庶佑（Tasuku Honjo），以表彰他们"发现了抑制负面免疫调节的癌症疗法"。

癌症每年导致上百万人死亡，是人类面临的最大健康挑战之一。2018 年诺贝尔生理学或医学奖表彰了针对癌症疗法的全新策略，即通过刺激人类免疫系统的内在能力攻击肿瘤细胞。艾利森和本庶佑证实了抑制免疫系统制动器的不同策略如何被用于癌症治疗，他们的重要发现成为对抗癌症的一个里程碑。

詹姆斯·艾利森研究的是一种蛋白质（CTLA-4），它可以作为免疫系统制动器。他首次在动物模型上证明了这种蛋白质对于免疫系统具有强烈的抑制作用。他意识到如果对这个"刹车片"进行抑制，将可能释放我们身体中的免疫细胞对癌细胞发起攻击的潜力。在此研究理论上，他发展出一套全新的癌症诊疗方案。

本庶佑发现了免疫 T 细胞上的一种蛋白质（PD-1）。在仔细探究其功能后，本庶佑最终发现它也可以作为制动器，只不过作用机制不同。基于该发现的疗法被证实在对抗癌症时非常有效。2014 年，基于他的发现建立的癌症疗法 PD-1 抗体 Pembrolizumab（派姆单抗，Keytruda）通过 FDA 的批准上市，除在治疗黑色素瘤上的出色表现外，治疗其他实体瘤也表现不俗。

人类的免疫系统与癌症

人类的免疫系统是人体执行免疫应答及免疫功能的重要系统，由免疫器官、免疫细胞和免疫分子组成。免疫系统具有识别和排除抗原性异物、与机体其他系统相互协调以及共同维持机体内环境稳定和生理平衡的功能。免疫系统的基本属性是具有区分"自我"和"非我"的能力，这样入侵人体的细菌、病毒和其他危险就可以被攻击和消除。

当免疫系统未能有效控制病原的入侵时，感染情形就会扩大，严重时甚至会致命。免疫系统也参与修补损伤的过程。当皮肤受伤而出现伤口时，病菌有了大好机会直接侵入人体，因此伤口处会产生发炎的反应而聚集大量的免疫细胞，它们会尽可能地清除伤口中可能导致感染的因素。更重要的是免疫细胞还会释放出多种细胞生长因子，促进受损部位的皮肤细胞快速增生而使伤口复原。

近年来兴起的癌症免疫学提出，癌症是因为人体免疫系统功能低下，无法在细胞癌化初期发现并消灭它们，而使其有可乘之机所导致的。癌症患者的免疫力也会影响病情恶化的速度与治疗的效果。因此癌症患者若能提高自身免疫力，对于抗癌成功将很有帮助。

由于癌症的特征都是异常细胞不受控制的增殖，并会扩散到健康的器官和组织，因此癌症的治疗成为世界性难题。科学家曾研究出许多治疗癌症的方法，包括手术、放疗和其他策略，例如，激素治疗前列腺癌、化疗和骨髓移植治疗白血病。然而，晚期癌症仍然非常难以治疗，迫切需要新的治疗策略。

20 世纪末 21 世纪初，一种新策略萌发了，即免疫系统的激活或可攻击肿瘤细胞。科学家尝试用细菌感染患者来激活免疫系统，使得免疫系统能够识别癌细胞。尽管这方面的科学研究取得了显著的进展，但研究出可推广的抗癌新策略仍十分困难。

免疫疗法的基本原理

首先，我们来了解一下 T 细胞。20 世纪 60 年代，人们发现了这种白细胞。从功能上看，它对免疫系统至关重要——自诞生后，人体内的 T 细胞就会慢慢发育，并学会识别身体中的异常。等到它们成熟后，一旦发现微生物入侵，或是恶化的细胞，就会开始增殖，并让免疫系统对威胁发起攻击。在它们表面，存在一种叫作 T 细胞受体（TCR）的分子。这种分子能识别外来细胞表面呈现的异体蛋白，从而激活 T 细胞引起免疫反应，杀死那些表现出异常的细胞。序列分析发现，一种叫作 CTLA-4 的蛋白与 CD28 非常相似。为此，包括艾利森在内的诸多免疫学家将注意力转向了 CTLA-4，试图理解它的功能。

艾利森被认为是实现隔离 T 细胞抗原受体复杂蛋白质的第一人。艾利森在免疫细胞的分子表面发现，一种名为 CTLA-4 的蛋白起到了"分子刹车"的作用，从而终止免疫反应。抑制 CTLA-4 分子，则能使 T 细胞大量增殖、攻击肿瘤细胞。基于该机理，第一款癌症免疫药物伊匹单抗（ipilimumab，用于治疗黑色素瘤）在美国问世。他的研究为那些最致命的癌症提供了新的治疗方向。

1992 年，在艾利森做出发现的几年前，本庶佑发现了在 T 细胞表面上表达的另一种蛋白质 PD-1。研究结果证实，和 CTLA-4 相似，PD-1 也可作为 T 细胞"制动器"，只不过作用机制不同。本庶佑和其他团队的动物试验证实，"封锁"PD-1 蛋白质在对抗癌症的斗争中也是一种颇有前景的策略。这为利用 PD-1 作为治疗癌症患者的靶标奠定了基础。随后的临床开发以及 2012 年的一项关键研究在患有不同类型癌症的患者身上证实了明显的功效。研究结果显示，

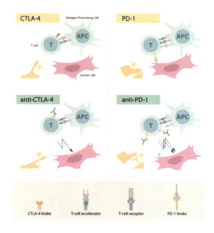

左上：CTLA- 4 对 T 细胞起到制动作用，可抑制"加速器"的功能

左下：针对 CTLA-4 的抗体（绿色）阻断了制动器的功能，导致 T 细胞激活并攻击癌细胞

右上：PD-1 是另一种抑制 T 细胞激活的"制动器"

右下：PD-1 抗体抑制"制动器"的功能，导致 T 细胞激活并对癌细胞进行高效攻击

若干转移性肿瘤患者出现了长期稳定并且可能治愈的迹象。此前，转移性肿瘤被认为是基本上无法治疗的。

免疫疗法尚有许多待解决的问题

从目前的临床试验结果来看，免疫疗法从根本上改变了某些晚期癌症患者的命运。但与其他癌症治疗方法相似，其副作用也很明显，甚至可能危及生命。过分夸大的疗效、未经批准的临床治疗和胡乱收取的高昂费用，都是造成悲剧的原因。高强度的持续研究正在进行，从而改善患者的治疗体验，并减少副作用。

3D 混凝土打印技术将颠覆传统建筑业

王雷 / 编译

编者按：

3D 打印以数字模型文件为基础，通过逐层打印的方式来构造物体，形成"数字化制造"。而将 3D 打印运用于建筑领域则发展为一种新型的建造技术——3D 混凝土打印技术，也叫作 3D "水泥印刷"。3D 混凝土打印技术意味着我们在未

来可以直接打印各种大楼、桥梁等建筑。该技术可以让建筑师享受艺术的自由，摆脱当前传统建筑方法的束缚。

　　建筑业是世界经济中最大的产业之一，全球总价值约 10 万亿美元（相当于全世界总 GDP 的 13%）。但是与其他行业相比，建筑业近几十年的生产力和效率低下。自 20 世纪 50 年代以来，农业和制造业的生产率提高了 10~15 倍，而建筑业的生产力水平仍然停留在 80 年前。造成这种结果的主要原因是建筑业仍然是手工建造，而其他行业已经在数字、传感和自动化技术的使用方面取得了重大进展。

　　澳大利亚斯威本科技大学（Swinburne University of Technology）的杰伊·桑利亚安（Jay Sanjayan）教授领导的研究小组将 3D 打印混凝土视为解决这些问题的可能方案，他们认为该技术能够使建筑师自由地为新结构注入更多的创意。

传统建筑业施工面临的问题

　　现代化的民用基础设施几乎完全用混凝土建造，每年使用的混凝土超过 200 亿吨。传统建筑行业面临着许多严重的问题，包括施工现场低下的劳动效率和频频发生的事故。根据澳大利亚统计局的数据，建筑业的工伤率最高达到 5.9%（每 1000 名工人中有 59 人）。

　　此外，建筑工地的质量控制存在更多困难：大量的废物及碳排放、高额的成本和逐渐消失的管理大型工作场所的技术劳动力，而 3D 混凝土打印等颠覆性技术可以提供解决方案。

3D 混凝土打印的优势

　　3D 混凝土打印技术通过叠加材料层来构造对象。传统的施工方法涉及将混凝土浇注到模具（称为模板）中，但添加材料层结构可以将数字化技术与材料技术相结合，在不使用模板的情况下进行自由形式的构造。

　　消除模板成本是 3D 混凝土打印技术的主要经济驱动力。使用木材等建筑材料，模板约占混凝土施工总成本的 60%。同时，建筑材料也是一种重要的废物来源，因为它迟早会被丢弃。根据 2011 年的一项研究，建筑业丢弃的建筑材料占全球废物总量的 80%。

将混凝土浇注到模板中也限制了建筑师创造独特建筑结构的创造力，定制模板也需要高昂的成本。而自由形式的添加材料层可以增强建筑的可能性，生产结构部件的成本与形状无关，使建筑师彻底从传统建筑结构的固定模型设计中解脱出来。

3D 混凝土打印的用途

正在探索的 3D 混凝土打印技术可以用于建造房屋、桥梁及其他建筑物甚至是风力涡轮机塔架。下面举两个例子，分别是利用 3D 打印技术建造的别墅和钢铁大桥。

3D 打印别墅。北京市通州工业园区有一座别墅，是全球首座 3D 现场整体打印的建筑物。它不同于以往国内外的 3D 打印建筑，该别墅是现场"整体打印"，将机器人手臂连接到 3D 打印机头，施工历时 45 天完成。

用于混凝土打印的 3D 打印机

钢铁大桥。MX3D 研究和发展公司利用 3D 混凝土打印技术"打印"出一座钢铁桥梁。该桥长约 7.3 米，位于荷兰阿姆斯特丹市中心，拥有非常复杂的几何学设计。该公司利用建筑专用 3D 打印机器人历时两个月便完成了一座精美的钢铁大桥。

当涉及构建非直线形状时，3D 混凝土打印技术具有优于传统构造方法的优点。然而，该技术研究领域仍处于起步阶段。3D 混凝土打印技术发展的最大障碍是混凝土本身。目前，常规形式的混凝土不适合 3D 打印，因此需要开发新的替代品；而且在实际打印混凝土时，需要特殊的打印机。研究人员正在研究各种类型的混凝土和用于 3D 混凝土打印的新型打印机或机器人。不过，我们有理由相信，3D 混凝土打印技术将会迅速发展，并将颠覆传统的建筑行业，而且借助于这种技术建造的建筑将会惊艳世界。

2018 年诺贝尔化学奖：科学研究拯救生命

王雷 / 编译

2018 年诺贝尔化学奖授予了美国加州理工学院的弗朗西斯·阿诺德（Frances H. Arnold）、美国密苏里大学的乔治·史密斯（George P. Smith）和英国剑桥大学的格雷戈里·温特（Sir Gregory P. Winter）。瑞典皇家科学院指出，三位科学家为人类健康带来了福祉，创造出有益于人类健康的药物，可用于多种疾病的治疗。其中，阿诺德致力于酶的定向进化研究，史密斯和温特研究肽类和抗体的噬菌体展示技术。通过定向进化技术开发的酶类能被用来生产生物燃料和药物等，而利用噬菌体展示技术所制造的抗体有望抵御多种疾病。

酶的定向进化——有益突变

进化是生物进行自我复制和变异的能力。生物体可以复制它们的基因并传递给后代，同时后代的基因会发生一定的变化来更好地适应环境。阿诺德的工作重点是酶的定向进化。酶是一种加速化学反应的蛋白质，在工业中有广泛应用，科学家一直试图人工制造出具有所需催化特性的酶。

美国加州理工学院的弗朗西斯·阿诺德（Frances H. Arnold）、美国密苏里大学的乔治·史密斯（George P. Smith）和英国剑桥大学的格雷戈里·温特（Sir Gregory P. Winter）（来源：诺贝尔奖官网）

值得一提的是，阿诺德是第五位获得诺贝尔奖的女性科学家。她开发了一种方法来产生某些酶的基因突变，以便筛选到最好的酶。不同的突变将在每个细胞中产生不同的酶，经过多轮突变，人们可以选择出更有效的酶并应用于工业生产。

阿诺德的研究非常重要，她开发的酶类可以加速化学反应，产生的副产品也较少，而且不需要传统化学反应所需的重金属催化剂，减少了对环境的影响。

噬菌体展示技术

史密斯和温特开发了一种被称为噬菌体展示的技术，研制出特殊的生物医药用于中和毒素、抵御自身免疫性疾病，甚至还能治疗转移性癌症。

20 世纪 80 年代初，史密斯开始利用噬菌体侵染细菌细胞，目的是希望被侵染的细胞能够克隆基因。随后，温特使用噬菌体技术设计出细菌中的新抗体——用于对抗有害细菌和病毒的大蛋白质。经过多轮突变和筛选，人工进化选择出最佳抗体来对抗某种感染。

噬菌体侵染细胞的电子显微图像

噬菌体展示技术使得整个实验不必完全依赖动物实验，可以在简单的培养皿中进行精确的生物学研究。可以说，该研究的重大贡献之一是减少了实验室中使用的动物数量。20 世纪 90 年代，温特和合作者创建了一家公司，开发出了一种完全基于人类抗体的药物——阿达木单抗（Adalimumab），用来治疗风湿性关节炎，同时还能治疗多种类型的银屑病和炎性肠病。

　　三名研究者的工作主要是在 20 世纪 90 年代进行的。现在，许多科学家基于他们的工作继续进行相关研究，因此定向进化技术改变了蛋白质工程研究的整个领域，同时也挽救了动物和人类的生命。这只是一个开始，未来我们可能会看到更多来自定向进化和噬菌体展示技术的成功应用。

生命科学

人类的起源：我们来自哪里？

王雷 / 编译

  人类来自哪里？这个问题一直困扰着很多人。随着新证据不断出现，答案变得越来越复杂。在 20 世纪下半叶盛行的林奈（Linnaean）分类学中，人类有自己的独立分支——人科（Hominidae），这使得人类与猩猩科（Pongidae）被分隔开来。人类既不属于三种非洲大猩猩（普通黑猩猩、倭黑猩猩和大猩猩），也不属于来自东南亚的红毛猩猩。然而，有的科学家认为现代人类起源于三种非洲大猩猩中的一种。如此颠覆性的论断是如何产生的呢？

早期观察

  在 19 世纪，确定动物之间的亲缘关系的唯一证据是通过肉眼观察两种动物的骨骼、牙齿、肌肉和其他器官的相似程度。

  英国生物学家托马斯·亨利·赫胥黎（Thomas Henry Huxley）是第一个对现代人类和猩猩进行系统性差异评估的人。他在 1863 年出版的《人类在自然中地位的证据》（*Evidence as to Man's Place in Nature*）一书中指出，现代人类与非洲猩猩之间的差异度低于非洲猩猩和红毛猩猩之间的差异度。

深入研究

  20 世纪上半叶，由于生物化学和免疫学的发展，科学家对现代人类与猩猩之间相关性的证据探究从其宏观形态转向分子形态。

  20 世纪 60 年代初，法国生物学家埃米尔·朱克坎德（Emile Zuckerkandl）和美国生物学家莫里斯·古德曼（Morris Goodman）报告了新一代蛋白质分析方法。朱克坎德利用生物酶将现代人类和猩猩的血红蛋白分解成多肽，从而证明了现代人类、大猩猩和黑猩猩的多肽成分是相似的。古德曼利用免疫扩散法研究血白蛋白，证明了现代人类和黑猩猩血白蛋白的免疫模式是相同的。

猩猩和人类：相关性

蛋白质是生命的物质基础，而氨基酸是蛋白质的基本组成单位。许多情况下，某个氨基酸可以被另一个氨基酸替代，而不会改变蛋白质的功能。

20世纪60年代后期，美国人类学家文斯·萨里奇（Vince Sarich）和新西兰生物学家艾伦·威尔逊（Allan Wilson）基于蛋白质结构的微小差异得出结论：现代人类和非洲猩猩存在相关性。1975年，美国人类遗传学家玛丽·克莱尔·金（Mary-Claire King）和艾伦·威尔逊证明，黑猩猩和现代人类血液蛋白质的氨基酸序列同源性为99%。

DNA证据

詹姆斯·沃森（James Watson）和弗朗西斯·克里克（Francis Crick）发现了DNA的基本结构，随后克里克等人又发现了遗传密码的性质，这意味着生物之间的关系可以深入到基因组水平。

在过去的十年中，研究人员相继发表了黑猩猩、红毛猩猩、大猩猩和倭黑猩猩的基因组序列谱图。这些猩猩的基因组序列对比结果表明，比起大猩猩，黑猩猩与现代人类之间的亲缘关系更为密切。通过现代人类与猩猩之间的DNA差异可以预测，现代人类、黑猩猩和倭黑猩猩的共同祖先可能出现在大约800万年前。

人属的起源

大多数研究人员将现代人类定义为人族（Hominin）。古人类学的跨学科性质促使寻找人类祖先的证据不再以发现古人类化石为唯一依据。这需要用到一系列其他学科，例如考古学、解剖学、地球科学、进化生物学、基因组学和灵长类动物学等。人类祖先谱系发展的一个结果就是出现了智人（Homo sapiens），这是人类进化史上最有趣的部分。

第一批被发现的早期人类化石样本是生活在距今400万年前的南方古猿（Australopithecus），他们最有可能是人属（Homo）的祖先。大约250万年

黑猩猩（左上）、猩猩（右上）、大猩猩（左下）和倭黑猩猩（右下）

前，非洲出现了第一批物种，许多研究者认为他们属于人类的一个分支——能人（*Homo habilis*），因为他们会使用石器，并且大脑比南方古猿要大，可以用两条腿直立行走。

然而，很多人对第二批物种——硕壮人（*Homo rudolfensis*）所知甚少。他们脑袋偏小，下颌骨较大，面部平坦，并且拥有巨大的牙齿。一些研究人员认为，能人和硕壮人完全不同于南方古猿，他们可能是现代人类的祖先。

制作工具并不是智人的专属特长

越来越多的研究者认为，早期的南方古猿可能已经会制作工具，这意味着制作工具不再被视为智人的专属特长。

非洲大陆随后出现的物种——匠人（*Homo ergaster*），更符合人属的特征。该物种可能在 200 万年前离开非洲，迁移到中国和印度尼西亚，最终进化为直立人（*Homo erectus*）。随着匠人同时迁移出非洲的另一个人类分支——海德堡人（*Homo heidelbergensis*），被许多古人类学者认为是穴居人／尼安德特人（Neanderthal）和现代人类的祖先。

智人的起源

一旦我们发现当今人类（智人）的起源，我们就能够使用新一代 DNA 测序技术来恢复古代人类的 DNA（aDNA）。

在穴居人化石中发现了一些不同于现代人类的 DNA，这表明在 10 万年前，穴居人与现代人类之间发生过交配。DNA 的相关证据表明，现代人类与之前的古人类物种以及被称为丹尼索瓦人（Denisovans）的神秘物种之间存在基因交流。

接下来的工作

　　尽管成千上万的人类化石已经被复原和研究，但是我们仍有许多工作要做。例如，在匠人之前曾有过成功走出非洲的古人类物种吗？人类进化的大部分时间是发生在非洲吗？在非洲以外，人类进化发生了哪些重要的转变？直立人是什么时候灭绝的？在直立人、现代人类和其他物种之间是否存在遗传交流？

　　随着技术的发展和古人类化石的大量发现，研究人员从化石中提取古人类DNA 进行研究，也许引出的问题比得到的答案还要多。

如果古生物学家送你块石头，里面可能藏着整个地球

张玥 / 编译

　　每当收到别人送的礼物，特别是包装精美的礼物，人们心中都会有某种小兴奋，这其中包含着对未知的期待。当你小心翼翼地拆开包装，或许会发现里面的礼物让你爱不释手。

　　对于古生物学家而言，石头是他们心目中不错的礼物选择。当你把石头砸开，可能会发现里面是一块化

叶脉

舌羊齿化石

石。罗德斯大学古生物学家罗兹玛丽·普瑞沃克（Rosemary Prevec）与植物学博士艾薇·马蒂婉娜（Aviwe Matiwane）将带领读者寻找神秘的植物化石，为我们讲述古时的地球风貌。

鲜为人知的植物化石

南非有一系列鲜为人知的植物化石，被称作舌羊齿（Glossopteris）。这种树曾经与蕨类、石松类等古植物群一同生长在大片的沼泽中。

普瑞沃克和马蒂婉娜在几篇散落的文献中发现，这种极为丰富的化石资源存在于非洲大部分地区，特别是纳米比亚、津巴布韦、莫桑比克，以及更北边的赞比亚、坦桑尼亚和肯尼亚，甚至马达加斯加都有它们的踪迹。

有人会想，化石到底有什么重要的？是的，植物从未得到过人们太多的关注，研究人员把更多的焦点放在了南非闻名世界的丰富而多样的动物化石遗产上——从最早期生命存在的证据到原始人类的遗迹。作者指出，舌羊齿属在南非从未得到过深入研究，因而至今尚未被人们所了解。

据了解，世界上有多个国家的学者在研究这种植物，但并没有详细的研究成果，而且各地都采用自己的研究体系来尝试理解这种化石植物。南非在这方面比较落后，全国只有 2 名在职的古植物学家，而且整支研究团队都在其他国家。

普瑞沃克与马蒂婉娜还指出，植物可以揭示很多与过去的环境和气候相关的信息。如果人们想要了解南非古老的过去，就需要对整个生态系统进行重构——这就需要从食物链的底层开始。舌羊齿属早在恐龙漫步地球之前就存在于远古的陆地上，因此有必要对这种植物展开深入研究。

我们所知道的舌羊齿

大约 3 亿年前，地球进入二叠纪。自那时起到 2.52 亿年前，舌羊齿属逐渐成长为冈瓦纳古陆上非常常见的一种植物。那是一块超级大陆，包括今天所知的非洲、南极洲、大洋洲、印度次大陆以及南美洲。

在 20 世纪中期，舌羊齿的发现被当作支持"大陆漂移"理论的证据。它们可以准确地揭示我们今天看到的世界是如何形成的。

在自然界中，舌羊齿很容易辨识，因为它的叶子很有特点，Glossopteris在希腊语里的意思是"舌—蕨"，这代表它们的形态特征。化石证据表明，这种植物的生长环境可能很多样，其形状也非常不同，从矮灌木丛到 5 层楼高的大树都有可能。

科研人员指出，此类植物中至少有一部分属于落叶性植物，因为它们的叶子通常会散落在地上，像个厚厚的垫子——这被认为是季节性脱落的结果。因此，舌羊齿不仅有助于理解人类历史，而且也对今天人们所使用的化石燃料有所贡献。

燃料的主要贡献者

舌羊齿等植物的枯枝落叶在沼泽中堆积，深埋于地下，再经过很多年，形成了南非巨大的煤炭储备。

在正常情况下，植物枯死后其枝叶散落在地上，腐烂分解。但若是遇上特殊情况，比方说在二叠纪的冈瓦纳古陆的广大沼泽中（有点像今天的红树林沼泽），这种过程就会发生变化。

舌羊齿的叶片一旦脱落，植物原料就会在鞣酸含量较高、氧浓度较低的酸性水中堆积，这会减缓细菌、真菌和其他微生物的活性以及分解过程。此后，一层层的泥沙冲入沼泽。数百万年过去，在这段时期里，泥沙以及被包住的植物原料在巨大的压力和极高的温度的条件下，经历了各种化学变化。结果煤层就形成了，这也是为什么煤炭被称为化石燃料。同时这也提醒着人们，煤炭的储量是有限的。

舌羊齿除形成作为南非主要发电燃料的煤炭外，还以多种方式影响着人们的生活。数亿年前，这些树木通过光合作用从空气中的二氧化碳分子里获取碳原子；现在，这些碳原子就出现在石油、蜡、塑料等一系列日常生活用品中。

处女地：我们在努力

南非拥有巨大的化石资源潜力，在这里还有大片处女地亟待探索，然而研究植物化石和昆虫化石的人却寥寥无几。

普瑞沃克与马蒂婉娜目前在属于东开普省格拉罕镇阿尔巴尼博物馆的一个小型研究机构里工作，他们致力于通过研究舌羊齿等化石植物来改变这一现状。

2018年，他们在北开普省萨瑟兰德附近进行了勘查。他们的目标是深入研究二叠纪的生态系统，这对南非甚至全球而言都是一项新的探索。这项新征程将有机会帮助南非的自然遗产重见天日，也将为这个国家开拓新的科学领域，培养国家急需的古植物学人才。

人类的 DNA 在太空中真的会发生改变吗？

黄森 / 编译

宇航员斯科特·凯利与他的同卵双胞胎兄弟

2018 年，关于美国宇航员斯科特·凯利（Scott Kelly）基因组改变了 7%
的报道屡见报端。事情源于美国国家航空航天局（NASA）的一项重要实验：
宇航员斯科特·凯利在太空中待了一年时间，同时他的同卵双胞胎兄弟则留在
地球。

研究表明，太空飞行中的基因突变率在一年中不可能高达 7%。事实上，人
类和黑猩猩之间的基因组也仅有 2.6% 的差异，而仅此 2.6% 的差异也是经历了
长达 2600 万年时间累积的结果。即便在太空中基因突变率增加了 8 倍（数据来
源于已被报道的动物接受相似水平辐射的实验结果），也需要超过 800 万年才
能累积到 7% 的水平。值得一提的是，如果发生了 7% 的基因组变化，必将产生
一个不同于人类的全新物种。

因此，太空归来后斯科特的基因组到底发生了哪些变化？其实，媒体报道中
所说的 7% 是误解了 NASA 在 2018 年 1 月 31 日发布的新闻稿。新闻稿称，"研
究人员发现斯科特·凯利 93% 的基因在着陆后恢复正常，然而剩下的 7% 可能
会在以后发生变化。"

在美国有线电视新闻网（CNN）发出报道后的当天，NASA 迅速对报道进

行了回应。他们强调，7% 的差异指的是"基因表达"，而不是整个 DNA。换句话说，宇航员的基因组没有改变，区别在于一部分基因被积极使用（注：生物体生命活动中并不是所有的基因都同时表达）。

在数据公布之前，我们不清楚在一年的太空生活中，斯科特的身体究竟发生了多少变化。但很显然，他的变化明显多于自己的双胞胎兄弟。

基因表达的科学

基因组就像用 DNA 编写的一套指令，通过表达不同的基因，我们的身体按照这些指令来创建如 RNA 或蛋白质等结构，其中每个分子执行不同的任务。正如 NASA 所指出的，我们都知道人类的生理在太空中发生了改变，基因表达的变化是完全可以预料的。部分基因被积极使用（或表达），并对这种生理变化作出响应。

初步数据表明，显著的变化包括与氧和二氧化碳含量有关的基因的响应；其他变化包括细胞制造能量（细胞将营养素转化为化学能）和骨骼的能力下降、抵抗感染和维持 DNA 活性的能力增强。这与人类在太空飞行中所进行的动物实验的研究数据相符（NASA 拥有一个名为 NASA Gene Lab 的动物基因表达数据库）。

与氧气使用和抗感染能力有关的基因改变，极有可能是因为宇航员长期处于封闭的环境中，基因表达的变化使宇航员得以适应这种新环境。因此，研究人员预测了会出现一个能有效抵抗感染的基因来进行相应的表达。

研制对抗药物

制造能量和骨骼以及维持基因组变化的能力非常有趣，而且有重要意义。能量和骨骼制造能力的下降使人类变得更加脆弱，目前科学还未找到原因，所以无法与之对抗。一旦发现了改变基因表达的特定基因，就有可能制造出预防性的药物。

日本航天局公布的结果显示，2016 年在一组（10 名）宇航员身上观察到基因组基因表达的变化。我们可以将其与动物的基因表达变化，以及与航天类似的地面活动（如卧床休息）进行比较。如果这些基因改变与先前报道的基因改变相似，就能完善目前在动物身上所进行的实验，从而完善相关药物的研发。希望这些药物不仅适用于动物，同样适用于宇航员。

这项研究的潜在影响力是巨大的，因为 NASA 和其他航天机构的目标是进入太空而不是国际空间站。未来有一天，宇航员可能会一路奔向火星。他们将遭受更高剂量的辐射，并经历更多的基因组变化，这时控制这种变化带来的不利影响将十分重要。

跑马拉松会影响你的免疫系统吗？

杨岭楠 / 编译

马拉松近年来在国内热度大涨，渐渐演变为一种社交符号。每个人的朋友圈在马拉松的霸道攻势下无不沦陷，大家不是在迎风奔跑的路上，就是在戴月挥汗的途中，朋友圈里常有人晒出夜跑紫禁城一周的轨迹图。跑马拉松的朋友对各类跑步的专业性知识多少有些研究，会根据自己的身体情况进行针对性的调整和训练。我们今天也来谈谈马拉松与免疫力之间的那些事。

英国巴斯大学的学者詹姆斯·特纳（James Turner）和约翰·坎贝尔（John Campbell）发现，人们通常以为马拉松这类耐力型运动会抑制人体的免疫系统，使人体面临被感染的风险，比如更容易患上普通感冒。但是两位学者在最新的研究中发现，这一观点并不准确。准确的说法是，锻炼会增强人体的免疫功能。

关于马拉松对于人类免疫功能影响的研究

耐力型运动抑制免疫系统的说法源于 20 世纪八九十年代。在当时的研究中，研究人员对竞赛运动员（如参加洛杉矶马拉松比赛的选手）进行询问，了解他们在比赛结束后几天或几周内是否有感染症状。结果很多运动员自称确实出现了感染症状，这就奠定了这种说法的基础，研究人员据此认为耐力型运动会增加人体的感染风险。

这些研究都忽视了一个问题，就是所谓的"感染"症状并没有在实验室中加以确认，因此我们并不确定运动员所说的症状确为疾病的症状。近期有越来越多的研究表明，大部分选手在参加马拉松比赛后声称出现的症状并非真正的感染症状，而可能是由其他原因引起的，比如过敏。

早期的研究都把"感染"风险增加的原因归结为免疫系统受到抑制。运动的确对免疫作用有很大的影响，但这些影响在早期被误读了。

运动对免疫细胞的影响体现在两方面。首先，人在运动时，血液中的免疫细胞会急剧上升。其中有某些细胞，比如自然杀伤细胞（NK 细胞）——其作用是对抗感染，数量可以增加 10 倍。在人停止运动之后，血液中的部分免疫细胞数量会剧烈下降，有时甚至下降到运动前几小时的水平以下。

很多研究人员因此将运动后数量下降的免疫细胞现象解读为免疫系统受到抑制。但是，我们现在已经弄清免疫细胞数量的下降并不意味着这些细胞消失或者被破坏，而是转移到了人体内可能受到感染的部位。

拿人体肺部来进行示例，人在运动时呼吸更快更深，这会增加吸入感染性异物的风险。因此，免疫细胞是针对运动去寻找人体有可能被感染的部位了，这样在运动后几小时内，数量才呈现了下降的趋势。所以，早期研究人员所认为的免疫系统受到抑制并不符合实际情况。

早期研究人员产生误读的另一个原因是，人在跑完马拉松后唾液中的抗菌和抗病毒蛋白质水平下降。这些蛋白质（比如免疫球蛋白 A）是抗击细菌和病毒沿口腔和鼻腔进入人体的第一道防线。但当时的研究没有考虑到一些技术性问题，比如免疫球蛋白 A 的测量基准。唾液中的免疫球蛋白 A 的水平不仅与运动有关，还与心理压力、饮食、口腔健康甚至"口干症"相关，而早期的大部分研究却没有权衡这些因素。

现在，很多研究人员都在研究运动对免疫的益处。比如，有人体研究在探索打预防针或疫苗之前锻炼几分钟对于发挥疫苗效果的促进作用的大小。也有其他实验室动物研究显示，运动有助于免疫系统检测并杀死癌细胞。最新的研究还表明，运动甚至可以延缓衰老。

享受马拉松，做好防护

从事强度较大的运动本身不会增加感染的可能性，但是不能排除其他因素的影响。一方面，参加任何大型集体活动都会增加感染的机会；另一方面，公共交通也会增加感染的风险，比如长途飞行加上不充分的睡眠都有可能使身体易受感染，而其他因素如饮食不当、受寒淋雨和心理压力也会增大感染的可能性。

我们可以尽可能减小这类集体性运动的潜在负面影响，最重要的就是保持卫生。注意洗手，或使用抗菌免洗洗手液清洁双手，避免接触嘴部、眼睛和鼻子，避免与他人共用水杯或水瓶，尽量减少与可能感染的人接触。我们要把控好可以把控的因素。至于超出我们控制范围的那些因素，我们也无须过多担心，毕竟运动的正面意义远大于负面影响。

破解冷链束缚，让疫苗无处不在

黄森 / 编译

2018 年，长生生物的疫苗风波持续发酵，引发了国产疫苗信任危机。更有网友重提 2016 年山东疫苗事件——由于疫苗在运输过程中未经严格的冷链存储和运输，导致疫苗失效。那么，作为"抗病英雄"的疫苗究竟该如何存储呢？

"娇气"的疫苗

多年来，疫苗预防了多种疾病，挽救了无数生命。目前，脊髓灰质炎、麻疹、白喉、百日咳、风疹（德国麻疹）、天花、腮腺炎、破伤风和轮状病毒等在世界各地常见的传染病都能通过疫苗进行防治。

即便如此，全球仍有五分之一的儿童没有受到基本的疫苗保护。此外，由于疫苗接种的不足，大约有 2000 万人面临可预防疾病的感染风险。其结果是全球每年约有 150 万儿童死于接种疫苗就能避免死亡的疾病。

造成这种情况的一个原因是，世界上许多欠发达地区没有可靠的电力供应。因为疫苗需要在特定的温度下进行保存（通常是冷藏），若缺少电力保障，就不能满足疫苗存储所需的冷链条件，导致疫苗合理效价受到损害。而冷链覆盖了从疫苗生产到注入人体的所有环节，疫苗注射液的温度应始终维持在 2~8℃。

据全球疫苗免疫联盟估计，世界上最贫困的国家中仅有 10% 的医疗机构拥有可靠的电力供应。例如在乌干达，超过 70% 的医疗机构无法获得电力。世界卫生组织估计，由于温度控制、物流等环节失控，全球每年有超过 50% 的疫苗被丢弃。

对于可能受到影响的疫苗，大多数政府的处理方案是丢弃。根据联合国儿童基金会统计，在 2011 年 5 个月的时间里，就有价值 150 万美元的疫苗因难以保证冷链运输到偏远地区而被丢弃。

那么，如何破解冷链束缚，让疫苗无处不在?

新型存储设备

使用包括太阳能制冷柜、备用冰箱和数据记录仪等可以在停电时保持温度的替代设备，从而确保对温度敏感的药物和疫苗的保存。

澳柯玛公司设计的 Arktek 疫苗存储设备就适用于电力不稳定的偏远地区。Arktek 具有超级真空密封效果，无须使用电源制冷或额外冰块，桶内有 8 个冰排和三层分离的疫苗盒，可在 30~60 天（具体时间取决于室外的温度和湿度）使内部温度始终保持在 0~8℃。Arktek 成为挽救偏远和贫困地区人口生命的重要设备，被誉为"生命之桶"。在 2014 年埃博拉疫情爆发期间以及 2015 年尼泊尔地震之后，Arktek 成功促成了疫苗接种试验。

澳柯玛公司设计的 Arktek 疫苗存储设备

研发新型疫苗

开发出从生产到使用全程无须冷藏的疫苗是一种更有效的解决方案。目前，能够在 8℃ 以上环境中长时间存储的热稳定型疫苗已经问世。用热稳定型疫苗替代传统疫苗不仅能够降低成本,还能在电力供应不足的地区使用。

一些现有的疫苗,如甲型肝炎、乙型肝炎、灭活的脊髓灰质炎、白喉、破伤风、HPV(人类乳头瘤病毒)和轮状病毒疫苗确实具有良好的热稳定性。目前研究人员正在努力开发新的工艺,从而能够在常规冷链之外使用它们。

对于其他疫苗,如埃博拉病毒,目前的研究重点是改善其热稳定性。这些研究必将有力地控制埃博拉疫情的扩散,特别是在没有电力供应的偏远热带地区。

许多研究人员还在研究流感疫苗等其他热稳定型疫苗的生产方法。研究表明,与需要冷链供应和存储的疫苗相比,可在常温条件下存储一段时间的 A 群脑膜炎球菌疫苗能够将成本降低一半。在尼泊尔,如果用热稳定型疫苗替代传统的口服轮状病毒疫苗,每 100 人就能节省 10945 美元,并且能够将该国的疫苗覆盖率由 46% 提高至 58%。

热稳定型疫苗的好处显而易见,但是还存在着巨大的技术难度和监管问题。例如,证明疫苗在暴露于高温后仍然有效所需的时间很长,所需资源也非常大,这需要疫苗制造商投入较多的资源来获取必要的数据。重点是如何让制造商相信为获取数据而投入资源是值得的。

最新研究表明:Omega-3 并不能预防心血管疾病

李麟辉 / 编译

近几年,国人保健意识有所提高,市面上形形色色的保健品尤其受到青睐,有的人甚至天真地相信这些保健品的作用大于药品。

例如在全世界范围内,补充 Omega-3 非常常见,因为人们普遍认为 Omega-3 对于心血管健康有益,可以预防心脏病、降低血压或胆固醇等。然而,2018 年 7 月 18 日发表在《考克兰图书馆》(*Cochrane Library*)上的一项研究成果却令人大失所望。该研究显示,Omega-3 可能不会降低心血管事件、冠心病、中风或心律失常导致的死亡风险。

Omega-3 是何方神圣？

Omega-3 是一种不饱和脂肪酸，常见于深海鱼类和某些植物中，其主要类型包括 α–亚麻酸（ALA）、二十碳五烯酸（EPA）和二十二碳六烯酸（DHA）。ALA 通常存在于植物性食物的脂肪中，比如坚果和种子（核桃和油菜籽富含 ALA）。EPA 和 DHA 被称为长链 Omega-3 脂肪酸（LCn3），存在于鱼类脂肪及鱼肝油中。

该研究分析了 79 项涉及约 11.2 万人的随机试验。这些研究评估了与摄入正常或较低水平的 Omega-3 相比，摄入额外的 Omega-3 对人类心血管疾病和循环系统疾病的影响。其中，25 项研究为高质量证据。低 / 中质量证据表明 ALA 可能会轻微降低心血管事件、死亡率和心律失常，高质量证据表明 LCn3 可能会降低甘油三酯并增加高密度脂蛋白胆固醇（HDL-C）。所有结果均为统计学意义的"可能"，即并不一定或作用甚微。

该研究的主要作者李·胡珀（Lee Hooper）指出："临床医生需要注意，除非特别需要降低甘油三酯，否则没有理由鼓励使用 Omega-3 补充剂；应建议患者把钱花在均衡膳食及保持健康的生活习惯上。"

医学并非商业行为

"Omega-3 对心脏健康有益"的观点源自对因纽特人不得心脏病的观察，以及两则初期临床病例——这两则病例表明吃鱼和鱼油保健品对心脏有益。其后商业广告的煽动使人们坚信"药品副作用太大，保健品既无副作用又能治病"。

事实并非如此。在我国，保健品的审核程序较药品简单，即保健品上市更容易通过监管机构的审批。但这并不意味着保健品没有副作用，只是副作用相对药品较小，但是长年累月服用某一种保健品，其副作用经过积累，难免对身体产生一定的影响，且这种影响无法估计。药品通常说明剂量、服用时间等对于身体的影响，医生可以据此来估测其对身体的不良影响。而保健品未经详细研究，也未说明副作用，出了问题医生难以估计。

我们还需要关注的是，早年对于因纽特人的观察并没有上升到研究层次。而在那两个研究小组的后续报告中，上述保健品对其他被观察的病患造成的负面影响要更多一些。事实上，其中一份研究报告指出，吃 Omega-3 保健品的人患上心绞痛的概率比没吃的人更高。

胡珀的研究发现，与安慰剂或常规饮食相比，增加 LCn3 对全因死亡率的影响很小，甚至无影响。同样，增加 LCn3 对心血管死亡率、心血管事件、冠心病死亡率、中风和心律失常的影响也很小，甚至无影响。尽管在初步分析中，LCn3 似乎减少了冠心病事件，然而在敏感性分析中没有看到类似结果。

研究人员还发现，增加 ALA 摄入量也不太可能影响全因死亡率和心血管疾病死亡率，也可能不会影响冠心病事件。

另一方面，增加 ALA 可能会使心血管事件的风险从 4.8% 降低到 4.7%，并可能将冠心病死亡风险从 1.1% 降低到 1.0%，使心律失常发生率从 3.3% 降低到 2.6%；而 ALA 对中风的影响尚不清楚。

好的生活方式是关键

英国诺里奇生物科学研究所（Quadram Institute Bioscience）名誉研究员艾恩·约翰逊（Ian Johnson）没有参与这项研究，但他对这项研究的结果感到"非常惊讶"。他对此研究成果"有信心"，因为"研究的质量很高"。

艾恩说，人类的饮食结构非常复杂，特定营养素的影响并没有我们想象得那样大。胡珀补充道："Omega-3 补充剂并不是一种降低心血管风险的简单方法。我们需要关注有效的生活方式干预，包括高质量的饮食、适度饮酒、不吸烟、保持运动与健康。"

因此，服用长链 Omega-3 脂肪酸（EPA 或 DHA）补充剂对心脏健康没有益处，也不能降低中风和全因死亡的风险。我们应该追求健康的生活方式而不是依赖某一种膳食营养素。另外，医学发展是科学研究的成果，并非商业行为，莫要相信商业广告，切勿道听途说。

基因转移新规律或有助于防止抗生素抗性的扩散

李楠 / 编译

　　与其他的生物体不同，细菌可以从周围环境中摄入遗传物质。这种交换基因的能力使得它们可以获得新的遗传特征，例如不同的代谢途径、致病基因和抗生素抗性。

　　深入理解复杂的基因转移机制或许是防止全球性抗生素耐药性泛滥的关键步骤。2018 年的一个科学发现揭示了其中一系列新的规律，使人们对这一复杂机制的理解又前进了一步。

不一样的细菌基因组

　　细菌是人类永恒而且无处不在的伙伴。每一个物体表面上都有大量的细菌，它们的总量比全体人类的数量还要大上不止 1000 倍。

　　没有细菌的话，人类很难长期生存。是它们使得我们的行星适宜生存，也是它们使得营养物质可以重归土壤。没有微生物的地球注定是一座地狱。然而，独特的进化过程允许细菌在其他生命形式无法生存的环境中生存，这也使得它们有时对人类的健康有害。

　　人类的基因组在个体的整个生命历程中保持稳定，而细菌则不然，时常获得新的遗传物质。在你读这篇文章的时候，你身边的某些细菌正在发生改变。

　　人类的遗传物质是被细胞核的保护膜包裹起来的，而细菌是没有这种细胞结构的。通过一种叫作水平基因转移（HGT）的现象，一个细菌个体可以新获得多达 60% 的基因组。在这种现象中，只需要一步，大量的 DNA 就可以完成交换和替换。

一个难题

　　水平基因转移的神秘之处在于，它切割和改变 DNA 的过程乍一看似乎是偶然发生的，然而却又最常发生在近亲物种之间。这是为什么呢？

水平基因转移有几种不同的方式，每一种都可以归结为被摄入细菌的少量外源 DNA。这些 DNA 本来只是漂浮在细胞的 DNA 之外，却阴错阳差地被嵌入了染色体里面。无论这段外源 DNA 是如何进入细胞的，它已经进入受体细胞的基因组中了。没有任何基因是免疫的。

故事是不是太过简单了？就是这么简单。含有新 DNA 的细菌将要面对自然选择，它需要跟其他本土微生物去竞争资源。如果外源 DNA 包含有益的基因，那就意味着细胞获得了新的能力，比如安然地度过下一次抗生素灭杀。

然而，生物学很少这么简单。其实，亲缘较近的细菌趋向于频繁地交换基因，其频率远超我们的预期。令人感到惊讶的是，在任何环境中最可能贡献基因的菌种却通常不是近亲。1 克泥土中含有 18000 个单细菌的基因组。这表明，某些与距离无关的因素决定了基因转移的成功与否。

新的基因转移规律

2018 年发现的一类很短但高度重复的序列——体系结构序列（AIMS）——对于细菌 DNA 的复制和分离起到了关键作用。如果供体与受体细菌的基因组之间 AIMS 序列匹配度较高，这种 DNA 的移动就能得到保持；反之则不然。这就是新发现的基因转移规律。

在自然界中，外源 DNA 像雨点般被大量插入一个细菌的染色体。而 AIMS 序列就像一把神奇的雨伞，只允许与之匹配的 DNA 嵌入染色体中。逆序排列（在某些随机事件中，一个 DNA 大片段被转过来面对相反的方向）和细菌染色体中的水平基因转移模式表明，自然选择已经将那些在 AIMS 不匹配时发生转移的细菌过滤掉了。

值得一提的是，AIMS 并不是一个硬性障碍，而是对水平基因转移的一种约束，它积极地促进了近亲物种之间的基因转移。虽然错误的 AIMS 可能会给 DNA 复制和分离等重要过程带来问题，但是有些新获得的基因会改变细胞中的游戏规则，比如抗生素抗性基因，即使 AIMS 不匹配，也不太可能被过滤掉。就像生物学中的许多情况一样，基于 AIMS 的这些规律只是一道更复杂谜题中的一部分。

控制基因扩散

质粒是漂浮在细菌细胞中的微小的环形双链 DNA，其复制独立于细菌染色体。这使得它们不会受到 AIMS 相关约束的限制，可以更自由地进行基因转移而无须嵌入染色体。这是新的 DNA 进入细胞的另一种途径。

质粒经常携带了抗生素抗性基因。如果设法让这些质粒更难以被环境中的细菌接受，也许就能像限制细菌染色体之间的基因转移一样限制它们的传播。

思路之一是开发某种遗传工具，迫使质粒完全嵌入染色体，这将同时降低这些质粒的流动性，并使它们受到染色体的约束。例如，可以在高风险区域添加一个质粒固定序列，以减少一组多药耐药菌（如 ESKAPE 病原体）的质粒基因转移。

这种设想一旦实现，未来就可以阻止那些令人担忧的基因扩散，无论是抗生素抗性基因还是致病性基因。

听说你的大脑跟宇宙有点像

杨岭楠 / 编译

文学理论家乔纳森·卡勒（Jonathan D. Culler）为比喻下了个定义：比喻是认知的一种基本方式，通过把一种事物看成另一种事物而认识它。如果我们回想自己认识事物的途径，或者观察妈妈教导婴儿认识世界的情形，会发现比喻在我们认知世界的过程中不可或缺。在《诗经》中，三种主要表现手法即为赋比兴，而其中的"比"正是我们所说的比喻。然而，比喻虽然不可替代，但它有时也会给我们造成一点困扰。

一位英国的小学生埃尔尼（Aine）提出一个看法：在下图中，宇宙看起来像一个巨大的生物大脑。那么接下来一个自然而然的问题就是它的身体在哪里？在回答这个问题之前，让赫特福德大学的玛雅·霍顿（Maya Horton）博士带我们了解一下，究竟大脑与宇宙有何相似之处？

在布兰迪斯大学博士生马克·米勒（Mark Miller）的研究中，他将大脑神

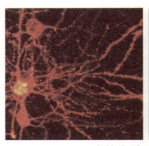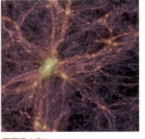

经元细胞（如左图）之间的联结非常形象地以视觉图像展现出来，而右图的宇宙网络则描绘出了非常相似的景象，将宇宙也进行了生动的可视化。从外观上看，

大脑细胞（左）和宇宙（右）

二者很相近。

我们很容易就会产生开头的联想，茫茫宇宙不正像拥有巨大身材的大脑一样。但实际上二者相似的原因要归结于主宰世界的物理法则，这个法则在万事万物上是普适的。

在人类历史进程中，科学家已经掌握了物理法则——宇宙中物质和能量之间的作用。从微小的原子到浩瀚的银河，宇宙万物皆遵循着这些法则。然而，各种事物遵循同样的法则并不意味着它们本身就是相同的。

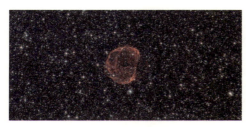

我们从图中看到的宇宙形状是在重力、肉眼不可见的暗物质以及威力巨大的超新星作用下形成的。人类的大脑可不是浩大的宇宙运动形成的——它是经过数亿年的进化形成的。在生物进化

超新星爆炸之后的景象

过程中，适宜生存的特征和行为流传下来，一代代传承下去。

大脑的模样其实正是储存脑细胞的最佳方式，这样一来，信息可以在大脑各部分之间迅速传播。我们今天之所以表现为现在的模样也正是祖先对环境作出快速反应的结果，为了从猛兽的嘴里逃脱也不得不如此。这一特征代代相传至今，而今天的不同之处是我们无须再躲避猛兽。

我们的大脑跟宇宙中其他物体一样，由同样的原子和分子组成。实际上，大脑与宇宙的相似可以归结于"分形几何学"（"fractals"）。分形几何学是数学的一个分支，由波努瓦·芒德勃罗（Benoit B. Mandelbrot, 1924—2010）开创。"Fractal"一词也是由芒德勃罗所创，它源自拉丁文里的形容词 fractus，意为"不规则的，破碎的"。一个分形代表着在从大到小的尺度上不断自我重复的一种图形。

物理上的很多现象都取决于分形的规律，即客观事物都有自相似的结构，比如大自然中的海岸线和精致的雪花形状。甚至城市的分布也呈现这样的规律，如果从夜空观察世界的景象，会发现相似的图形排布。分形几何学

夜空下的欧洲

有两个特点：从整体上看，分形几何图形处处不规则，比如上文的海岸线或山川形状；但是在不同尺度上，图形的规则下又是相同的。依然再来看海岸线或者山川形状，局部形状和整体形态相似，从整体到局部，都是自相似的。所以，虽然宇宙和大脑都不是完美的分形，但它们是比较相近的。

从图片上分析，二者相似的原因还有关键一点，宇宙之大与大脑之小使我们都无法完全清晰地观察二者，尽管显微镜和天文望远镜技术已经很发达，但我们依然无法完全把握它们。

正因为如此，科学家通常使用计算机模型来给人们展现二者的模样和表现形态。计算机模型好比我们要研究的缩小版实物，不管是微小如脑细胞，还是庞大如宇宙，我们只需要看看模型中发生的种种便有了概念。

在这样的设定下，即使研究大脑和宇宙的科学家的研究对象是完全不同的事物，他们所使用的计算机模型却是相似的。因此在他们制作图像时，计算机模型生成的图像是非常近似的，即使对于两种完全不同的事物，也不免如此。

比如说，两幅图像都有明亮的色斑，这些色斑处都发生着大量活动，例如星系的庞大群组或者大脑细胞；图像中也有较为晦暗的色斑，相应地没有活动发生。这样看来，我们有时会误认为两种不同的事物之间存在原本没有的联系。

无论是脑科学领域还是太空领域，科学家们时时都在探索和发现人体和宇宙的奥秘。对于心存科学梦想的人们，也许未来的科学发现将由你来亲自揭示。

心脏为何能不停地跳动？

王雷 / 编译

众所周知，我们的心脏总是在不停地跳动，直到生命的终止。心脏对于地球上的每个人来说都很重要，那么心脏是如何不停地跳动的呢？本文将从心脏的结构、功能以及跳动频率等方面揭示心脏跳动的秘密。

在我们的身体里有很多块肌肉，可以辅助器官发挥作用。例如，当我们阅读文字时，有些肌肉会移动我们的眼睛，使我们看得更清楚。人体的有些肌肉是可以通过大脑来控制，而其他一些肌肉是不受大脑控制的，心脏里就有你无法控制的肌肉。

心脏的结构与功能

心脏是由特殊的无意识肌肉（被称为心肌）组成，而心肌则由心肌细胞组成。心脏包含左心房、左心室、右心房、右心室四个腔体。心脏的作用是推动血液流动，向器官或组织提供充足的血流量，以供应氧和各种营养物质，并带走代谢的产物（如二氧化碳、无机盐、尿素和尿酸等），使细胞维持正常的代谢和功能。为了实现血液的运输，心脏需要不停地跳动。控制心脏跳动的细胞被称为心脏起搏细胞，通过显微镜观察发现，与心脏的其他肌肉细胞不同，它们位于右心房的壁中。

心脏起搏细胞设定了心脏跳动的节奏，这些细胞会产生电脉冲，通过心脏的特殊路径发出信号，以确保其他肌肉细胞以波浪模式收缩，从而将血液泵出心脏，流向肺部和身体其他部位。这种电脉冲是由从细胞内向外的微小分子运动引起的，而这些分子主要来自我们日常所吃的食物，它们可以提高心脏的功能。因此，经常摄取足够的水果和蔬菜以及含钙的食物，可以有效地促进心脏的功能。

有些人的心脏起搏细胞存在问题，因此电脉冲不能穿过他们的心脏，导致他们的心脏不能正常地收缩。这些人可以通过手术安装一台微小的机器——心脏起搏器，从而替代心脏起搏细胞的功能。

心脏的跳动频率

心脏并不总是以同样的频率跳动，它可以响应大脑的神经信号，身体产生的化学物质和我们看见或闻到的东西都会影响心脏的跳动频率（心率）。如果你的兄弟穿着可怕的衣服给你一个惊吓，大脑中的化学物质和电信号会向心脏发出指令，使它更快地跳动，这样心脏可以为手臂和腿部的细胞提供更多的血液和氧气，你就可以逃跑了。如果你星期六晚上在家很放松地观看你喜欢的电视节目，那么相反的事情就发生了：心脏不再需要那么努力地跳动，它会放松并减慢跳动速度，大多数血液流向肠道而不是四肢。

一般情况下，心脏每分钟跳动 60~70 次，而在我们运动时，心脏每分钟跳动可达 220 次。一般来说，儿童比成年人的心跳速度更快。如果你想知道你的心脏在一分钟内的最大跳动速度，那么用 220 减去你的年龄就可以。因此锻炼也要量力而行，一定要符合你的心脏所能承受的跳动速度。

为了感受心脏的跳动能力，你可以尝试在一分钟内握紧并放松拳头 60 次。假设你的心脏每分钟跳动 60 次，每小时 60 分钟，一天 24 小时，每年 365 天，那么每年你的心脏要跳动 31536000 次。幸运的是，你的心脏可以在每次跳动之间休息一下。

对抗疟疾——红细胞的进化

牟庆璇 / 编译

人类自开始进化以来，就陷入了与最大的传染性敌人——疟疾的斗争。这种由疟原虫引发并通过蚊虫叮咬传播的疾病，大约每两分钟就会杀死一名儿童。2016 年，在 91 个国家（大多数在撒哈拉以南非洲地区）中估计有 2.16 亿疟疾病例，比上一年增加了 500 万例。

在历史长河中，人类一度缺少抗疟疾药物、蚊帐，甚至对疟疾的基本起因都不了解。在与疟疾的激烈斗争中，一种生存下来的方式是让自身发生改变以抵抗病原体。数千年来，人类基因组中随机出现的变化无意中降低了感染疟疾的风险并提供了生存优势，这意味着这些遗传差异在人群中变得更加突出。今天，世界上特定地区的人携带着来自古老疟疾战争的重要遗传标记，红细胞（erythrocyte）就是重要的例子。

红细胞

红细胞是一种特殊的细胞。血红蛋白分子中的铁与氧气结合，将其从肺部和心脏运送到身体的每个组织。红细胞的形状很独特——双凹面圆盘，这使得它可以改变自己的形状，挤入最小的血管输送氧气。

但红细胞也可以成为疟疾寄生虫的乐园。这些寄生虫在感染期间生长、增殖，然后从细胞中爆发，不仅损害受感染的红细胞，还损害未受感染的其他细胞。受损的红细胞不能在血液循环中发挥输送氧气的功能，这会导致贫血（血红蛋白水平低），使人感到虚弱、疲倦和昏昏欲睡，在严重的情况下还可能致死。

疟疾刺激了人类红细胞的改变，来保护自己免受感染。红细胞的每个部分，从细胞膜到具有输送氧气作用的珠蛋白，几乎都发生了遗传变化，以帮助人类在疟疾中幸存下来。

镰状血红蛋白和地中海贫血

最重要的变化发生于血红蛋白分子本身。每个血红蛋白分子由两对珠蛋白分子（2 个 α 亚基和 2 个 β 亚基）和四分子亚铁血红素组成。在疟疾肆虐的地区，珠蛋白基因都发生了变化。

1 个珠蛋白 β 亚基发生序列变化，并由此引发蛋白结构改变，导致了镰状血红蛋白（sickle haemoglobin，HbS）的出现。 镰状血红蛋白携带者的血细胞计数差异不大，且没有任何症状，但它们对疟疾的易感性降低了大约 30%，这是一种非常重要的保护措施。

这为生活在疟疾多发环境中的儿童提供了巨大的优势。所有镰状血红蛋白病例均由在疟疾感染高压下发生相同的遗传变化引起。 在非洲、印度和中东的不同地区，类似的进化至少出现了 5 次。这些地区的人们或者他们的后代，仍然携带着突变基因。大约 10% 的非洲裔美国人是镰状细胞特征的携带者，印度、东地中海、加勒比海和中东地区的人也可能受到影响。

虽然 1 个 β 亚基发生序列变化而导致的镰状血红蛋白没有症状，但是两个 β 珠蛋白都发生序列变化时，则会导致镰状细胞性贫血。此时的红细胞容易变得僵硬，像镰刀的形状。这会影响血液流动，并可能导致不可预测的疼痛、器官损伤甚至中风。

部分或全部 α / β 珠蛋白基因的缺失会导致地中海贫血。携带者通常是完全健康的，除了在进行血液检查时可检测到的无症状性贫血。这被认为可能是亚洲、太平洋和中东部分地区轻度贫血的主要原因之一。

就像镰状细胞突变一样，地中海贫血可以防止疟疾寄生虫的入侵。但两个 β 珠蛋白缺失的人会患有严重的贫血症，可能需要终身输血才能存活。α 珠蛋白基因缺失的后果更多变。但是当两个 α 珠蛋白基因都缺失时，婴儿通常在子宫内会出现严重的贫血症，甚至不能存活到出生。

红细胞膜

Duffy 蛋白是红细胞膜上的一种受体蛋白质，间日疟原虫（疟疾的第二大常见原因）可以通过该蛋白质进入细胞。Duffy 蛋白也发生了进化。在几乎所有的西非人和超过一半的非洲人的红细胞中，该基因没有活性。这意味着他们的红细胞对间日疟原虫入侵具有抗性。

红细胞膜的其他变化也可以预防疟疾。生活在巴布亚新几内亚和太平洋其他地区的人，他们的红细胞表面类似于早餐麦片，有一两条水平条纹。这种通常无症状的病症被称为东南亚卵形红细胞症（Southeast Asian ovalocytosis），它是由决定红细胞结构的蛋白发生突变引起的，会使红细胞的其余部分比正常情况更加僵硬，能够抵抗疟疾寄生虫入侵。

红细胞为保护人类免受疟疾感染而进化的新机制仍在被发现。影响全世界数亿儿童和妇女的缺铁性贫血主要被认为是由于铁营养摄入不足而导致的。现在它似乎可以保护红细胞免受疟疾寄生虫入侵。许多研究表明，缺铁儿童患疟疾的风险降低。这意味着改善身体铁含量（例如补铁）可能会使儿童更易受疟疾感染。

疟疾正在反击

近年来，人类的进化得到了科学发展的助力。有效的抗疟疾药物、经过杀虫剂处理的蚊帐以及能够在几分钟内诊断出疟疾病例的快速检测，都在帮助人类对抗疟疾。

但有证据表明，寄生虫及其蚊子寄主正在不断进化以赢回优势。例如，几乎所有的恶性疟原虫都对第一种抗疟疾药物氯喹（Chloroquine）产生了抗药性。

现在，多种抗药性寄生虫统治东南亚部分地区，尤其是靠近泰缅边境。在这里，出现了对重要抗疟药如甲氟喹（Mefloquine）和青蒿素（Artemisinin，多种有效药物的核心结构成分）的抗性。

更巧妙的是，寄生虫开始删除快速检测所依赖的 HRP2 蛋白来躲过快速诊断测试。通过这种方式，寄生虫可以继续在没有接受抗疟疾药物治疗的宿主中生存和传播。

在世界各地都被发现的按蚊是传播疟疾的重要途径，有研究发现它们正在学习在晚上早些时候叮咬人类，而不是人们熟睡时，以破坏蚊帐提供的保护。

所以，人类与疟疾的战斗还没结束。最古老的敌人仍在旁伺机反扑，并继续成为一个强大的对手。

关于生育年龄的辩论

李楠 / 编译

正方观点：生育就该早做打算

在过去的 30 年里，人们生育的年龄是大幅延后的。而生殖科学的进展也使人们得以选择对他们的生殖细胞进行冻存，甚至助长了这种延后的趋势。像苹果、脸书和谷歌这样的大公司甚至把卵细胞冻存作为员工健保的一部分。推后生育从来没有像今天这样，无论从技术上还是思想上都有如此之高的接受度。但这是否就是一个好的选择呢？

其实关于这个问题主要有三个需要考量的关键：孩子的健康是否会受到影响？亲代还能否正常受孕？经济上的负担如何？

从道德上来说，父母有责任尽量让孩子健康出生。但是母亲超过 35 岁或者父亲超过 45 岁才生育，孩子患有遗传性疾病或神经发育紊乱的概率就会大幅增加，这可能是一种警示。同时，年长的父母需要辅助生殖的可能性也更大。而类似体外受精之类的辅助生殖与早产和低出生体重相关。另外，通过体外受精出生的孩子患心血管疾病和代谢病的比例也相对较高。

生殖细胞冻存可以尽可能消除与受孕年龄相关的问题，但是无法解决那些可能由体外受精引起的问题。对于冻存的卵细胞，其具体方式是利用细胞内精子注射的方式将精子导入。这种注射方式也可能增加出现出生缺陷的概率。类似的方式在年龄较大的男性，尤其是精子活力较差的男性身上应用较多。

确定还要等吗？

备孕的夫妻比比皆是，大部分的家庭要等待一年以上。七分之一左右的家庭会遇到困难，而年龄在其中扮演了一个重要的角色。在 35~39 岁的女性中，有六分之一需要备孕超过一年。而如果她们的伴侣超过 40 岁，这个比例会达到四分之一。

体外受精虽然看起来万无一失，但是它的成功率也会受亲代的年龄影响。40 岁以上的女性的卵细胞体外受精的成功率只有不足 10%。有人用计算机模拟的方式对推迟生育的影响进行了模拟。一个 30 岁的女性如果将生育年龄推迟 5 年，那么她受孕的成功率就会下降 9%，而体外受精在这场对抗中只能挽回 4% 的成功率。

对此，卵细胞冻存确实是一个好办法。但是除了随着女性年龄的增长，卵细胞数量减少这个问题以外，年纪较长的女性要存够 8~10 枚卵细胞以成功完成受孕过程，也需要更多轮的刺激排卵。这些都使得该过程相当昂贵。

生育的代价是什么？

体外受精固然昂贵，生育过程中其他重要的非直接花销也价格不菲。

"母亲工资惩罚"是一个经济学中的关于女性职业发展的热门话题，意思是说在成为母亲的初期，职业女性可能会进入一个没有收入的阶段。有调查表明，女性把生育年龄从 20 岁出头推后 10 年，可以使自己的收入明显增加。但是，这个工资惩罚似乎也并非全与性别相关。挪威政府在 1993 年推出了适用于新生儿父亲的产假政策，而调查显示这些全职爸爸的收入也受到了负面影响。

　　应该说，只要生育占据了一个人的时间，一般就会对收入有负面影响。

何时合适？

　　从数据的角度来看，女性生育子女的合适时期应该是在 35 岁以下，而男性应该是在 40 岁以下。超过 75% 的年轻人都对年龄对于生育的影响不以为然，也只有 27% 的家庭医生会跟 18~34 岁的年轻人探讨这个问题。社会大众应该在这方面进行更多的思考，尤其是推迟生育可能带来的风险。医生也应该做更多的宣导工作。所以，如果一个人想要生育，那么合适的时期可能比原计划要早一些。

反方观点：晚点生育也无不可

　　有人从女性事业和家庭的角度论断，女性应该把生育提早到 35 岁以前，然后再去打拼事业。但是女性的生育能力真的会在 35 岁以后呈现断崖式的下降吗？女性的生育能力的确会随着年龄的增长而下降，那是由于她们卵巢中卵细胞的数量是固定的，随着年龄的增长卵细胞的数量和质量都会下降。但是，似乎并没有所谓的断崖。

何谓生育能力？

　　生育能力是指人口生育的速度。女性在 30 岁以前生育能力是相对稳定的，一年里在 1000 名没有使用避孕措施的女性中，大约有四成可以受孕。接着就开始下降，直到 45 岁时这个比例会下降到只有一成。而流产的比例随着年龄的增长会大幅增加。

　　研究表明，当女性年龄处于 35~39 岁区间时，八成的夫妇在持续备孕一年以内可以受孕，如果持续尝试两年，这个比例会增加到九成以上。这组数据与19~26岁女性群体中的统计结果并没有什么根本区别，她们中的92%可以在一年内受孕，坚持两年则上升到98%。可见大部分夫妇可以在一年以内受孕，剩下的案例中有一半会在第二年受孕。所以如果一对夫妇在备孕12个月后依然没有结果，就应该尝试做一些临床检查了。在该阶段，体检可以排除那些明显的生理问题，如果看起来一切正常，则可以再尝试一年。

其他风险

对于年龄，我们要考虑的不只是生育能力和生育结果的问题。母亲怀孕带来的其他风险也会随之增加，尤其是对于40岁以上的女性，由怀孕引起的死亡率也在增加，这里面高血压是一个重要的因素。40岁的怀孕女性患此疾病的比例是年轻女性的两倍。而对于孩子来说，40岁的母亲生下出生体重偏低和早产婴儿的比例要高得多，而且1%的胎儿可能无法降生。但是总的来说，顺利生产的女性即使在40岁以上的群体中也是占大多数，而且她们可以生出健康的宝宝来。

还有一个重要的方面是我们不该忽略的，那就是每个女性的生育能力存在个体差异，哪怕她们处在同样的年龄。所以从某种程度上说，个体的生育能力是难以预测的。不能因为部分个案的问题，就夸大事实和以偏概全。

年龄和体外受精

在发达国家，七分之一的异性恋夫妇会被不孕不育所困扰。他们中的一部分人会因为备孕两年仍然无法受孕或者某些生殖疾病而去寻求临床辅助。为了解决男性生育能力方面的问题，人们陆续开发了体外受精和细胞内精子注射技术，这两种技术都要将受精卵移植到女性的子宫里。

我们无法预测哪些夫妇需要采取体外受精，但是辅助生殖的成功率确实会随着女性年龄的增长而下降，在女性达到35岁以后趋势尤其明显。受精卵移植之后，成功怀孕的概率在30岁以下的女性中是相对稳定的（30%~35%），但到40岁和45岁就会分别下降到20%和5%。另外，选择从捐献者处获取卵细胞的女性的怀孕比例可以维持在跟年轻女性相近的程度，同时，流产等问题的风险也会大大降低。这也是为什么卵细胞捐献者的年龄应该低于 36 岁的原因。

考虑到开始体外受精之前的各种治疗要花费的时间，一位女性如果选择用自己的卵细胞，那就应该尽量在 30 岁左右开始备孕，以确保 35 岁之前接受体外受精。在英国，医疗机构通常推荐女性只做三轮体外受精，其中最后一轮是在 40~42 岁之间。

对于体外受精，女性的年龄确实是一个需要考虑的因素。是否组建家庭和对时间的选择都是非常私人的决定。这些决定不应该受到年龄的影响，但是确实应该兼顾人类的生理特点。不过就算早点开始备孕，依然没人可以保证什么。当下也并没有特别稳定的测试方法可以预测一位女性的生育能力。

更年期也并非真的断崖

如果一定要说女性的生育能力有一个断崖，那可能就是更年期。对于大多数女性来说，这个阶段会持续多年。大多数女性会在她们 50 岁左右时进入更年期。在医学上所谓的"近更年期"，即时间上接近更年期的阶段，女性的生育能力已经下降，但是如果没有避孕措施，女性仍然可能怀孕。

所以女性何时适合组建家庭？考虑各种生理因素，似乎最好的时期是 25~35 岁。但这并不是适合所有女性的指导性意见。不过对于那些可以自由选择的女性，这是可以参考的建议。

越来越多的女性选择使用体外受精技术而且会冻存自己的卵细胞。商业化的卵细胞冻存不只是受欢迎程度在提高，而且成功率也在大幅提高，有八成的卵细胞都可以成功存活。

一言以蔽之，生育能力会随着年龄的增长而有所下降，但是也没有什么真的断崖存在。大部分的夫妇在备孕一两年内都会成功受孕，即使他们已经达到 40 岁。

猿为何不会说话？新研究显示：猿有其声，却无其脑

张玥 / 编译

我们都知道，鹦鹉会说话。有些人可能也见过大象、海豹或鲸鱼模仿人类说话的声音。那么，为什么与我们亲缘关系最近的灵长类动物，却不能和我们一样说话呢？

2018 年，安格利亚鲁斯金大学动物学专业资深讲师雅各布·邓恩（Jacob Dunn）表示，他与团队的一项新研究显示，猿有着正确的发声构造，但却没有发育出足够的智力来掌握这种能力。

灵长类动物的语言能力

几个世纪以来，科学家一直很想理解这一现象。有人宣称，非人灵长类动物并没有恰当的身体结构来发出与人类一样的声音，人类之所以能讲话，是因为我们的发声器官发生了改变，逐渐进化出话语能力。但是比较研究显示，喉和声道的形状和功能在包括人类在内的绝大多数灵长类动物种类之间都非常相似。

这表明，灵长类动物的声道已经"准备好发声了"，但是绝大多数物种并不具备控制人类话语这种复杂发音的神经能力。1871 年，达尔文就写道："大脑的重要性无疑要多得多。"

邓恩与纽约州立大学石溪分校的杰隆·斯马尔（Jeroen Smaers）共同开展调查，研究每种灵长类动物可以发出的不同声音与其脑部结构之间的关系。例如，记录显示，金树熊猴只使用过 2 种不同的声音，黑猩猩和倭黑猩猩则可以发出约 40 种声音。

这项发表在《神经科学前沿》的研究成果专注于大脑的两种特性：管理自动控制行为的皮层联络区，以及参与发声肌肉神经控制的脑干核团。皮层联络区被发现存在于新皮层，是高阶大脑功能的关键，这被认为是灵长类动物复杂行为的基础。

结果表明，皮层联络区的相对大小和灵长类动物发声能力的大小是正相关的。简单来说，皮层联络区更大的灵长类动物往往能发出更多种声音。但有趣的

是，灵长类动物的发声能力与其大脑的整体大小并无关联，只是与这些具体区域的相对大小有关。

科研人员同时也发现，猿的皮层联络区和舌下神经核比其他灵长类动物要大得多。舌下神经核与控制舌肌的颅神经相关。这表明，我们最亲近的灵长类亲戚可能比其他灵长类物种更能自由和精确地控制自己的舌头。

通过理解发声复杂性与大脑结构之间的关系，他们希望能找到促进人类祖先进化出复杂的语言交流能力的关键因素。

语言能力的进化

关于语言能力的起源一直存在争论。巴黎语言学会曾于 1866 年禁止在其出版物上进行任何此类话题的讨论，因为这一话题被认为太不科学。但是在过去几十年里，由于一系列证据的出现，该领域取得了一些进展，例如对其他物种交流能力的研究、化石研究以及遗传学手段。

研究显示，草原猴等灵长类动物使用"词语"标记物体（在人类语言中，这属于语义学范畴）。有些物种甚至可以将叫声结合成简单的"句子"（句法范畴）。这让我们更进一步了解到语言的早期进化，探究数百万年前我们和这些物种的共同祖先可能已经出现的语言基础。

化石记录也有迹可循。语言能力本身当然不会变为化石，因此研究者们开始在灭绝的人类远亲骸骨中寻找可以替代的证据。例如，有些研究人员表示，舌骨（声道中唯一的骨骼）的位置和形状可以告诉我们语言的起源。

也有人表示，胸椎管直径（连接胸腔与神经系统）、舌下神经管（神经穿过它通向舌头）等部位也可以告诉我们关于语言起源的信息。中耳里小骨头的大小和形状可能也可以告诉我们语言的感知。但总体而言，单靠化石记录实在难以得出任何强有力的结论。

最后，对比人类和其他物种的遗传学信息也能让我们从另一角度探究语言的起源。人们经常讨论的基因 FOXP2 似乎与语言能力有关。如果该基因突变，就会导致在学习和产生复杂口腔运动上的能力障碍，以及广泛的语言能力缺乏。

人们一直以为，人类 FOXP2 基因上的 DNA 序列改变是一种独有特质，与我们独特的语言能力有关。但是近期研究显示，在一些灭绝的人类远亲身上，这些突变同样存在，而且这一基因（而且可能是语言）上的变化可能比我们认为的要久远得多。

如今，人们已经可以为灭绝物种进行古 DNA 测序，掌握了更多的语言的神经生物学知识，这都使该领域内的研究快速发展。展望未来，这一颇具争议的复杂领域很可能会依赖于大范围的交叉学科合作。这篇论文的作者表示，对比一系列物种特性所采用的比较研究方法曾是达尔文采用的基本方法，此类研究方法无疑会为探索人类语言行为的进化作出重要的贡献。

黄莺对气候变化适应性的基因组分析

牟庆璇 / 编译

2018 年夏天，世界许多地方都经历了酷暑的煎熬，高温热浪席卷着亚洲、欧洲和美洲的多个国家。北冰洋沿岸的北欧多国和俄罗斯也出现了罕见的高温天气，最高达到 32℃。极地温度升高，苔原提前变绿，虫卵早熟，迁徙的鸟类错过觅食时间，极地动物面临溺亡的危险。在气候环境发生变化时，动物如何生存下去？本篇文章以黄莺为例，介绍气候变化与遗传变异的关系。

许多动物都有适应性，可以帮助它们应对特定的环境或生活方式。南极鱼类产生抗冻蛋白，防止血液在零度以下的温度时冻结。一些沙漠啮齿动物在没有饮用一滴水的情况下还能够存活下来。生活在高海拔地区的人类有特殊的适应能力应对缺氧环境。

这些特殊的适应性已经编码在基因组里，并代代相传。同时，这些信息也给科学家提供了新的思路。通过分析动物的基因组，科学家可以预测这些动物是否能够以及如何适应环境的快速变化，如气候变化带来的影响。了解动物基因水平的气候脆弱性可以揭示哪些种群更具风险，使动物保护工作能够针对风险物种和预期的气候来开展。

蕾切尔·贝（Rachael Bay）是加州大学洛杉矶分校环境和可持续发展专业的博士后研究员，她与一群进行鸟类基因组图研究项目（Bird Genoscape

Project）的生物学家一起工作，关注气候变化对鸟类带来的影响。他们以黄莺
为例开展研究。黄莺属于候鸟，夏季的时候栖息在加拿大和美国境内，大概的范
围是从炎热干燥的加利福尼亚中央山谷到凉爽潮湿的太平洋西北部。

分析黄莺的基因组

基因组研究涉及大量的信息分析。首先，需要采集大量的样本。幸运的是，
蕾切尔·贝等人得到了很多帮助。鸟类监测站帮他们收集了黄莺血液的样本，博
物馆给他们赠送了样本，其他一些科学家从过去研究的冰冻样品中提取基因组。

最终，蕾切尔和其他生物学家将来自美国和加拿大 20 多个地点的大约 250
只黄莺作为研究对象。他们对每只黄莺的基因组进行了测序，获得了大约 350
亿个脱氧核糖核酸（DNA）碱基对（构成遗传基因的基本单元）数据。通过使
用计算机算法，他们对这 250 个基因组进行比较，并研究不同气候区域的鸟类
在基因组中存在哪些不同。

蕾切尔等人表示他们并不真正知道基因组的哪些部分（如果有的话）会具有
气候适应的功能，所以他们没有选择检查任何特定的基因。他们研究了基因组中
超过 100000 个随机区域，根据鸟类样品采集地的不同环境参数（如温度、降水
和植被）对这些基因组中的随机区域进行了比较。

结果发现，在这些环境变量中，降水与遗传变异的关系最为密切。他们对比
了所有黄莺样本数据，发现生活在多雨环境与干旱环境的黄莺的基因组中的某些
相同区块存在差异。换句话说，来自最干旱地区的黄莺与来自非常潮湿地区的黄
莺，它们的某些相同基因的 DNA 序列略有不同，这表明遗传变异与环境相匹配。

如果鸟类能够适应当前的气候，但随着气候变化，未来几年会发生什么呢？

按照当前的发展趋势，美国许多地区的气候在未来会变得更加温暖和干燥。
蕾切尔等人通过研究已经得到对于某些气候变化相对应的遗传变异，可以计算出
黄莺种群的基因组序列在未来 50 年内会发生哪些改变以适应未来的生存条件。
例如，基于现在生活在温暖地区的黄莺的基因组谱，可以估计将来会有多少鸟类
能够适应更温暖的气候。

蕾切尔和其他生物学家一起开发了一种算法，该算法将所有 100000 个随机
区域的数据与 25 个不同气候变量的公开数据相结合（包括当前和预计的未来气

候）。当这些信息汇总以后会得到一个分数，该分数反映了某个种群中需要改变多少 DNA，才能适应未来的气候变化。蕾切尔等人称之为不同黄莺种群的"基因组脆弱性"。

种群数量已经受到气候变化的威胁

在某些地区如落基山脉（位于北美洲西部），黄莺表现出非常高水平的基因组脆弱性，表示这些地区的黄莺基因组需要进行许多变异才能适应气候变化。与此同时，来自中西部等其他地区的黄莺的基因组脆弱性较低，这意味着它们的风险较小。整体上基因组脆弱性的差异是源于预测的气候参数的改变——某些地区被认为在未来 50 年会变得更热、更干燥，而其他地区可能变得更湿润、更凉爽。

蕾切尔等人将基因组脆弱性与过去 50 年间黄莺种群的变化进行比较，发现了一个令人吃惊的结果——在加利福尼亚部分地区和落基山脉等基因组脆弱性最高的地区，黄莺数量已经下降。这可能意味着气候变化已经影响了这些种群，而且这种影响在未来可能会变得更加严重。

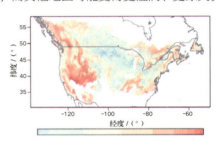

显示美国黄莺种群基因组脆弱性的地图（从蓝色到黄色表示基因组脆弱性从低到高）

虽然蕾切尔等人发现了栖息于不同气候环境中的鸟类之间存在遗传差异，他们表示仍然不清楚这些遗传差异的含义。也许来自干旱地区与生活在潮湿地区的黄莺适应了不同的食物来源，也许鸟类的迁徙时间适应了不同地区不同类型的植被。只有后续研究才能弄清楚黄莺如何适应不同的气候环境。

黄莺显然不是受气候变化影响的唯一物种。通过鸟类基因组图研究项目，蕾切尔和其他生物学家正在努力发现其他一些北美鸟类的基因组脆弱性。他们希望这个框架可以适用于其他类型的野生动物，而不仅仅是鸟类。

鸟类是怎么看路的?

张玥 / 编译

　　我们在街上行走，辨别方向，在人群间穿梭，依靠的是一双明目。但你有没有想过，鸟类的眼睛长在脑袋两侧，中间分得很开，它们如何去看路呢?

　　这个疑问存在于不少孩子的心中，即便是成年人也很难给出答案。2018年，英国肯特大学进化生物学家哈兹尔·杰克逊（Hazel Jackson）撰文揭开这一谜题。

并不是所有鸟类的眼睛都长在两侧

　　杰克逊开篇就直指人们这个疑问，首先并不是所有鸟类的眼睛都长在脑袋的两侧。鸽子和鹦鹉的确如此，但是像猫头鹰等鸟类，它们两只炯炯有神的大眼睛其实是长在脑袋前方，这有点像我们人类。

　　但无论眼睛是长在前面还是两侧，所有鸟类都可以一直向前看，但是这并不意味着鸟类都以同一种方式观察。事实上，鸟类眼睛长在脑袋的哪个部位，可以告诉我们它是如何观察这个世界的。

猫头鹰，目不斜视向前看

　　拥有两只眼睛，意味着动物能够以三维图像视角观察周围的世界，感知物体的高度、宽度和深度，以及自己与物体之间的距离。

　　鸟类眼睛在头部的位置影响着它们的视野，也就是鸟类在任意时刻都可以看到前方和两侧的范围。人类自己的视野也是有限的。你可以试一下，在不转动头部的情况下，你能看清两侧多大的范围?

　　由于猫头鹰的双眼在头部前方，因此它们的视野范围更小，比如仓鸮的视野范围约有150度（尽管它可以大幅度地转头看向四周）。

　　鹦鹉、鸽子等一些鸟类的眼睛在头部两侧，因此视野范围也更大，约有300度。这意味着它们可以同时看到前方和两侧很大的范围。

眼睛位置决定视野和观察方式

鸟类眼睛在头部的位置决定着鸟类如何使用不同类型的视觉方式观察周围环境。

双眼视觉意味着两只眼睛可以同时聚焦于同一物体，而且眼部运动是相互协调的——猫头鹰等掠食性鸟类最依赖这种视觉。

单眼视觉意味着鸟类的每只眼睛可在某一时刻聚焦于不同物体，这对于鹦鹉和鸽子来说再正常不过。拥有不同类型的视力能够帮助不同类型的鸟类拥有在野外生存的能力。

对于鹦鹉和鸽子而言，双眼长在头部两侧是一种巨大的优势。因为它们的视野范围很广，只有背后存在一块很小的盲区，这让它们得以在探路的同时，观察是否有掠食者偷偷接近。

对于掠食性猛禽而言，向前的双眼可以同时聚焦于同一物体，这使它们能够更清晰地观察。这对于发现并捕捉田鼠等小型动物而言至关重要。

因此，人们可能觉得鸟类的眼睛在两侧就无法向前看路，但实际上它们可以同时向前和向两侧看，而且比那些眼睛长在头部前侧的鸟类看得更广。

蝴蝶会记得自己曾经是条毛毛虫吗？

黄森 / 编译

丑陋的毛毛虫在变成美丽的蝴蝶后，是否还会记得自己曾经是一条毛毛虫？

其实，科学家已经进行过这方面的研究。研究表明：蝴蝶或飞蛾不太可能记得自己曾经是毛毛虫，但是它们可能会记住自己还是毛毛虫时学到的一些本领。

从丑小鸭到白天鹅的蜕变

毛毛虫在蛹内的蜕变听起来令人毛骨悚然。因为在蛹内，毛毛虫的身体变成了液体，随后才变成了蝴蝶或飞蛾（成虫阶段）。蛹内部的变化是缓慢而渐进的。毛毛虫在蛹内首先会被用来消化食物的酶分解为细胞浆，然后再分化出各个器官。这个过程可以称得上一次真正意义上的重生。

从蛹到成虫的转变是一只蝴蝶生命周期中最明显的变化，科学家将这种转变称为"变态"。在变态期间，毛毛虫的身体组织被完全重组，这样才诞生了翩翩起舞的美丽彩蝶。长期以来，科学家已经明白，在幼虫时期，毛毛虫就可以学习和记忆东西，而在它们蜕变为蝴蝶后，同样具备这种能力。然而由于经历了变态，科学家还不确定蝴蝶是否能记住它们还是毛毛虫时所学到的东西。

美国乔治敦大学的科学家在一项研究中，测试了蝴蝶的这种记忆能力。研究人员对毛毛虫进行训练，使它们讨厌乙酸乙酯的气味（乙酸乙酯是指甲油去除剂中一种常见的化学物质，具有芳香气味）。每当毛毛虫闻到乙酸乙酯气味时，研究人员就会使用微电流电击它们。很快，这些毛毛虫被训练得讨厌这种气味，因为乙酸乙酯的气味意味着电击。当这些毛毛虫变成蝴蝶时，科学家再次对蝴蝶进行了测试，以确定它们是否还记得远离乙酸乙酯的气味。

猜猜测试结果究竟如何呢？

在测试中，大多数蝴蝶都表现出了远离乙酸乙酯气味的行为。科学家这样就可以证明，在毛毛虫时所经历的回避乙酸乙酯气味的记忆被带入了蝴蝶阶段。

蝴蝶身上更为神秘的东西

作为一只毛毛虫，它的追求就一个字——"吃"。然而，成年蝴蝶拥有了更高追求——"结婚生子"。找到伴侣后的蝴蝶会飞到一个新的区域，寻找合适的植物来产卵。

大多数毛毛虫以植物叶子为食，但有些种类还吃花、水果等其他食物。有些口味奇特的毛毛虫，喜欢吃蚂蚁和其他昆虫，更有甚者只吃蜗牛的软组织。

与只顾埋头大吃，体形、体重不断增加的吃货毛毛虫不同，成年蝴蝶的尺寸不会增长。它们永远都保持着苗条的身材，但也为此付出了很大的代价——只喝不吃。

为了生存下来并完成交配及产卵的使命，蝴蝶必须喝些"饮料"，以便获取能量。花蜜是最受蝴蝶欢迎的"饮料"，其中含有充足的糖分，能够为蝴蝶提供能量。但有一些蝴蝶也会从沙子中吸收水分，尤其是小溪或河流的湿地中。热带地区的一些蝴蝶甚至能够从腐烂的水果或动物的粪便中摄取必要的营养物质。

奇妙世界：蜘蛛也能哺乳

牟庆璇 李麟辉 / 撰文

编者按：

  大蚁蛛（*Myrmarachne magnus*），跳蛛科蚁蛛属动物，广泛分布于东南亚和中国南部。2018 年的一项研究发现，这种蜘蛛会哺乳。

雄性大蚁蛛

  2018 年 11 月 30 日，一篇关于蜘蛛的论文震惊中国乃至全世界的学术界。一直以来，哺乳行为被认为是哺乳动物的专利，但是，中国科学院西双版纳热带植物园陈占起博士的新发现打破了这条定律。他在全球顶级学术杂志《科学》（*Science*）上发表了一篇题为《一种跳蛛的长期哺乳行为》（*Prolonged milk provisioning in a jumping spider*）的论文，完全颠覆了人类以往对蜘蛛乃至无脊椎动物抚育行为的认知。这究竟是怎么回事呢？

蜘蛛宝宝居然也是吃奶的？

  研究人员发现，新孵化出的幼蛛会通过吸食其母亲从生殖沟分泌出的液滴生长发育，科研人员称此液体为"蜘蛛乳汁"。经成分测定，"蜘蛛乳汁"的蛋白质含量是牛奶的 4 倍左右，而脂肪和糖类的含量则低于牛奶。

  刚孵化的幼蛛在最初 20 天完全依赖乳汁存活，20 日龄的幼蛛体长可以长到其母亲的一半左右。从 20 天到 40 天，幼蛛会自己捕猎，也会继续从母体吸食"乳

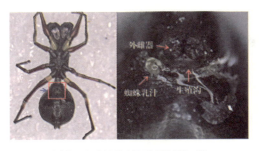
蜘蛛奶蛋白质含量为牛奶蛋白质含量的4倍

汁"，这是"断奶"前的过渡期。大约从40日龄起，幼蛛完全断奶，而此时的幼蛛体长已经达到成年个体的80%。

研究发现，幼蛛断奶后并不会离开其母亲，而会继续回巢生活，甚至成年之后的雌蛛后代仍继续和母亲生活在同一巢穴。但是当雄蛛后代成年后，母亲和其姐妹则会将成年的雄性个体驱赶离巢。

这是国际上发现的首例哺乳动物之外能通过哺乳的方式养育后代的现象，且这种哺乳行为在各方面都和哺乳动物极其相似。这为研究动物哺乳行为进化打开一片新天地。

非哺乳动物的哺乳行为与亲代抚育

没错，在大家的印象中，哺乳行为是哺乳动物独有和专长的特征——毕竟它们本来就是因为能够通过乳腺分泌乳汁哺育后代而得名的。这一特征虽然一直被其他动物"模仿"，但从来没有被超越。

比如一些鸟类（鸽子、企鹅、火烈鸟等）有类似"哺乳"的行为，不过它们并没有乳腺，只能把喉咙下的嗉囊分泌的营养丰富的"乳汁"经由喙喂养幼鸟。

火烈鸟正在用"乳汁"哺育幼鸟

陈占起博士介绍说："大蚁蛛会照顾成年之后的后代，表现出了超长的亲代抚育行为模式，而这种超长的亲代抚育行为曾被认为仅存在于寿命较长的高等社会的脊椎动物类群中，例如人类和大象。"

这两项新发现（哺乳、超长亲代抚育）将激发科学家重新衡量和定位有关哺乳现象、哺乳行为以及长期的亲代抚育在动物界尤其是在无脊椎动物中的存在现状、进化历史和意义。

国际著名动物生态学家、英国埃克赛特大学

教授尼克·罗伊尔认为，该研究提供了迄今为止在无脊椎动物中最全面的超长亲代抚育的证据。大蚁蛛是独立于哺乳动物系统进化而来的，此项发现会帮助科学家更好地了解亲代对后代长期哺乳行为的进化过程。

正如有人评论的一样，假如有一天超市里陈列着蜘蛛奶饮品的时候，你是否有勇气品尝一杯呢？

话题 III

宇宙与地球

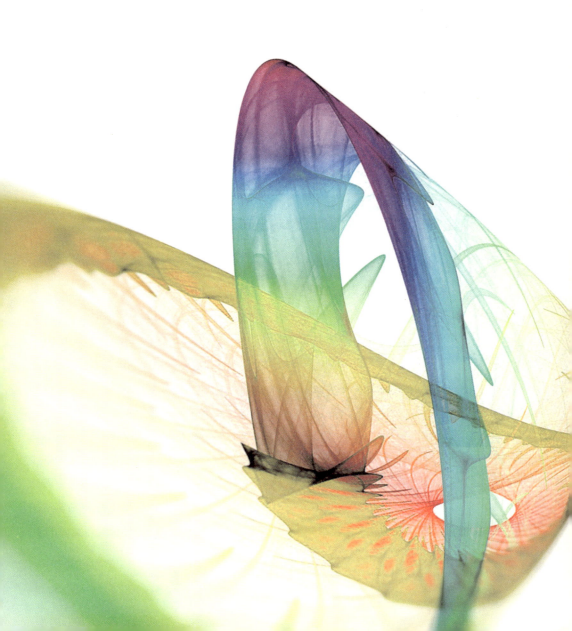

奥陌陌，人类只可远观焉？

史聪一 / 编译

2017 年 10 月中旬，神秘天体奥陌陌（'Oumuamua）被天文学家发现。而该天体造访太阳系之时，恰逢著名科幻小说作家阿瑟·克拉克（Arthur Clarke）的百年诞辰。

奥陌陌的艺术想象图

作为克拉克最受欢迎的作品之一，《与拉玛相会》（*Rendezvous with Rama*）描述了一颗高速运行的柱状天体对太阳系的造访。起初，该天体被误认为一颗小行星，但随之而来的研究则揭示该天体实际上是一艘外星飞船。

探寻奥陌陌

这个天体最先被夏威夷大学的"泛星计划"望远镜（Pan–STARRS1 Telescope）观测到，因此天文学家将它命名为"'Oumuamua"，在夏威夷语中的含义为"来自远方的信使"。而在中国，全国科学技术名词审定委员会天文学名词审定委员会将该天体译为"奥陌陌"。这样一方面能够保留原单词的音译效果；另一方面，"奥"代表奥秘，"陌"隐含陌生之意，达到一语双关的效果。

根据天文学家的观测，奥陌陌是一颗长约 400 米并呈棕红色的雪茄状天体。

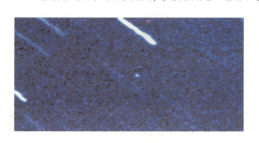

天文学家拍摄到的奥陌陌图像，其体形微小且光晕极其衰弱（图片来源：贝尔法斯特女王大学）

此外，因其运行速度飞快，故而必然来自某个遥远的恒星系。

然而，天文学家仍对其知之甚少。现有的结论是：因为缺少晕轮，所以奥陌陌并不是一颗彗星；此外，它也不是一颗普通的小行星，因为其长度为宽度的 10

倍，这在天文学研究中还没有先例。不仅如此，学界还排除了奥陌陌起源于太阳系或遥远的奥尔特云（Oort cloud）的可能性，因为其运行速度达到了每小时10万千米。

陌生的外星来客？

对于科学家来说，解放思想是必然的选项。该天体是否为不明飞行物？这一切在连载漫画小说中似曾相识，同时天文学界也明确表示，文明可能同样存在于地球之外的其他类地行星（Earth-like Planet）上。天文学界至少应该将"奥陌陌"作为外星文明所制造的天体这样一种可能性纳入考虑范畴。

事实上，从科学的角度来讲，星际飞船的最佳外形并非如进取号星舰（Starship Enterprise，出自科幻电影《星际迷航》）一般，而应该呈现长茄形，因为只有这样才能够使其在行进过程中最大限度地减少与星际尘埃的摩擦与碰撞。而奥陌陌的外形完全符合这一点。

关于该天体为宇宙飞船的假设仅存有一点疑问，那便是它并非平稳地掠过太阳系，而是头尾不断翻转前行，翻转周期为8小时。如果奥陌陌真的是宇宙飞船，这或将成为前进路上极大的困难。

我们究竟该如何应对？也许最好的方法便是给它拍摄一张不错的图片，但一个现实的问题却是：因为距离地球太远，即便在哈勃太空望远镜的视野里，它也不过呈现为一缕红褐色的光束。又因其运行速度过快，载人航天技术也无法用于观测。而且奥陌陌早已与太阳系渐行渐远，现在要做什么恐怕都为时已晚。

敬候佳"音"

如果奥陌陌确实为不明飞行物，天文学家也许能探测到更多无线电信号。在奥陌陌被发现之后的几周里，世界各地的射电望远镜全部进入"战备状态"，意在获取奥陌陌发射信号的蛛丝马迹。

为了参与"搜寻外星智能计划"（Search for Extra Terrestrial Intelligence，简称SETI），全球范围内的很多望远镜都蓄势待发。严格意义上讲，该计划始于20世纪60年代，由射电天文学家弗兰克·德雷克（Frank Drake）首次实施。

自那时起，"搜寻外星智能计划"一直致力于全球范围内最大射电望远镜的建设并持续至今。

相关的探索以太阳为起点，向外扩展搜寻，然而该计划至今尚未探测到任何目标信号。但致力于探索计划的参与者态度乐观，他们指出：银河系有数千亿颗恒星，当前的探测范围仅仅只是冰山一角罢了。

位于美国西弗吉尼亚州的绿岸望远镜

通过艾伦望远镜阵列（Allen Telescope Array），对于奥陌陌的信号搜索最先由"搜寻地外文明协会"（SETI Institute）发起，他们希望能探测到外星生命的种种迹象，诸如发射的各种信号，但遗憾的是目前还没有任何搜寻结果。

随后，更大规模的搜寻工作由"突破基金会"（the Breakthrough Foundation）展开。具体搜索工作基于两台射电望远镜，分别是位于澳大利亚新南威尔士州的帕克斯射电望远镜（The Dish）和位于美国西弗吉尼亚州的绿岸射电望远镜（Green Bank telescope）。

因为奥陌陌从北极上空划过，所以相对于帕克斯而言，绿岸的地理位置能够更加便捷地观测该天体。但是，绿岸虽然苦苦搜寻来自奥陌陌的信号，最终却依然徒劳无功。

随着奥陌陌逐渐离太阳系远去并最终消失在所有望远镜的视野里，所有的探索工作都将结束，参与观测的望远镜也都将重新回归到日常工作中。

奥陌陌，何许物也？

就目前所知，奥陌陌不是一块普通的岩体。与其他普通小行星不同，奥陌陌呈长茄状，是人类在太阳系内首次发现的"系外来客"。就此而言，奥陌陌或许并非行星自然形成过程中的组成部分，而极有可能是一块来源未知的巨型掩体碎片，可能形成于一次行星间的撞击。即便如此，奥陌陌是宇宙飞船的可能性尚不能完全排除——或许它在很久以前已经遭遇劫难，只是遗骸仍旧穿梭于浩瀚的宇宙空间。

无论如何，奥陌陌成为永久谜团或许已经注定。但值得欣慰的是，人类发现了此类系外天体的真实存在。据估计，任意时刻都有约 10000 个此类天体穿过太阳系。如果上述一切成立，那么接下来的任务便是寻获更多的系外天体，下一个奥陌陌被发现或许指日可待。

随着天文学家对其属性与起源的相关研究不断深入，人类或将见证一门全新的研究领域。届时人类能否寻找到行星碰撞所留下的碎片？最终又能否找到来自外星文明的太空垃圾？如果推测成真，也许那时便是人类与拉玛约会的真正开始。

能够毁灭地球生命的六大宇宙灾难

黄森 / 编译

细数危及人类生存的巨大威胁，我们可能会想到核战争、全球变暖或大规模流行疾病。但如果可以避免上述灾难，人类文明就真的安全了吗？

生活在地球这颗蔚蓝星球上看似非常安全，但是我们却没有意识到来自太空的潜在威胁。

下面列举六个能够威胁甚至毁灭地球生命的宇宙灾难。

太阳风暴

太阳并不是一只温顺的绵羊。它能够产生强烈的磁场，并引发太阳黑子。当太阳极度狂躁时，它所产生的太阳黑子的体积是地球体积的数倍。太阳还会喷射粒子和辐射流，也就是我们常说的太阳风。被地球磁场俘获的太阳风造就了美丽的极光。但当

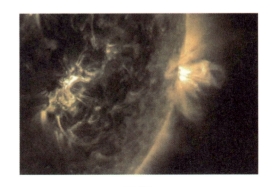

太阳耀斑

太阳风更强烈时，会影响无线电通信或引发供电故障。

有史以来有记录的最强大的太阳风暴袭击地球事件发生在 1859 年。这次事件被称为卡林顿事件（Carrington Event），对小型电子设备造成了巨大的干扰。

直到近年来，我们才变得完全依赖电子设备。事实是，如果我们低估了类似卡林顿事件这样的事件的危害，我们必将付出惨痛代价。尽管太阳风暴不会瞬间消灭人类，但会给人类带来巨大灾难。届时，世界将没有电力，空调、GPS 或互联网无法使用，食品和药品也会变质。

小行星撞击地球

我们深知小行星对人类文明的巨大威胁，毕竟 6500 万年前撞击地球的那颗小行星导致恐龙的灭绝。最近的研究使我们意识到太阳系中存在大量会对人类造成威胁的小型天体。

人类已经着手开发能够保护我们免受小型小行星袭击的防御系统。但面对稍大的小行星，我们还束手无策。虽然小行星并不总是能毁灭地球，但它们可能通过产生巨大海啸、火灾或其他自然灾害来消灭人类。

不断膨胀的太阳

前文所提及的两种宇宙灾难的出现存在一定的概率，但可以肯定的是太阳将在 77.2 亿年后死去。而后太阳会抛掉外层大气，形成一个行星状星云，最终变成"白矮星"。

但人类不会看到太阳的最后阶段。当太阳步入暮年，它会变得又冷又大，最终膨胀得足以吞没水星和火星。此时地球似乎还很安全，但太阳会产生非常强大的太阳风，造成地球转速变缓。在大约 75.9 亿年后，地球将被卷入剧烈膨胀的太阳外层，并将永远消失。

局部伽马射线暴

双星系统和超新星可能产生伽马射线暴。这些伽马射线暴的能量非常强大，因为它们将能量聚焦在持续时间不超过几秒或几分钟的窄光束中。由此产生的辐射可能会破坏地球臭氧层，使地球生命受到太阳紫外线的影响。天文学家发现了一颗距离地球大约 8000 光年的巨大恒星（名为 WR 104），它在未来的 50 万年内随时有可能发生爆炸，产生的伽马射线暴会到达地球并影响地球生命。

邻近的超新星

当一颗恒星走到生命尽头时会发生超新星爆炸，在银河系中平均每 100 年会发生一到两次超新星爆炸。超新星爆炸更有可能出现在银河系密集中心，值得庆幸的是太阳系位于银河系中心大约 2/3 银河系半径处。

距离地球 460~650 光年的猎户星座中的参宿四即将终结，参宿四或将在接下来的 100 万年内成为超新星。幸运的是，天文学家估计，超新星至少要在 50 光年内才具有杀伤力。因此，我们不必太过担心参宿四会摧毁地球的臭氧层。

流浪恒星

在银河系中到处流浪的恒星可能会近距离掠过太阳系，其引力可能导致太阳系边缘的奥尔特云中的彗星撞向地球。

太阳自身沿着一条轨道绕银河系运转，它可能带我们穿过致密的星际气体。目前太阳系正处于一个由超新星产生的密度较小的星际气体泡沫之中。太阳风和太阳磁场在太阳系周围形成了一个日光层，日光层能避免整个太阳系与星际物质相互作用。

在 2 万 ~5 万年之后，当太阳系离开这个区域时，日光层将发挥不了作用，地球便会暴露在外。届时，地球将会面临剧烈的气候变化，这可能给人类造成毁灭性打击。

生命仍在继续

人类在地球上的结局似乎早已注定。类似于人类生命的诞生与消逝，这些东西我们无力改变。对于我们而言，唯一能做的就是充分利用在地球上的时间发展科技。

我们不应该仰望夜空却只是坐等宇宙灾难降临，而应该惊叹于宇宙的深邃和奇妙，并以此为启迪，思考人类的未来及生存的意义。

大数据潮流中的天文发现

杨岭楠 / 编译

2018 年年初，天文学家偶然发现，在我们星系中心周围极有可能存在数千个黑洞。这一发现来自对 X 射线图像的分析。意外的是，这些图像并非是由最先进的新型天文望远镜捕捉到的，也不是近期拍摄的，有些图像的拍摄时间甚至还要追溯到 20 年前。其实这是研究人员重新挖掘故纸堆得出的新发现。

在大数据时代，类似的发现只会变得越来越普遍。大数据正在改变科学的研究方式，天文学家每天可收集的数据呈指数式增长。在如此的数据增长下，也就不难理解为何要花费数年甚至数十年去从陈年旧档案中刨出隐藏的发现了。

天文学的变革

60 年前，天文学家的经典工作模式是独行侠或者小团体。他们一般用自己单位的大型地面光学望远镜进行科研。因此，研究在很大程度上受限于望远镜所能观测的波长范围。这样结果很可能在大量的天文物理信息源中错过肉眼无法分辨的信号，比如从频率极低的无线电信号一直到高能伽马射线信号。在那个时代，普通人很难从事天文学研究，在领域内深耕的要么是专业研究人员，要么是身家极为殷实的爱好者，因为一个上好的望远镜实在太贵。

过去收集的数据是以摄影底片或已发表的目录形式存储的，要想获取天文台的档案比较困难。这样一来，业余天文爱好者几乎很难深入探索。如今，有的天文台设备非常先进，已经覆盖了所有的电磁波频谱。而且，天文台也不再仅由单独的机构运行，很多前沿的天文台多由数家太空科研机构发起共建，甚至由多个国家合力建成。

随着大数据时代的到来，几乎所有的天文学数据都可以公开获取。天文学研究可以说已发展成为一个颇为民主的领域，任何有想法的人都可以重新分析数据，去探究新的可能性。读者们也大可以研究本文提到的用以发现黑洞的钱德拉X射线望远镜（Chandra X-ray Observatory）的数据。

这个时代的新型天文台会产生数量惊人的数据。比如1990年开始运行的哈勃太空望远镜（Hubble Space Telescope，缩写为HST）已完成130万次观测，每周传输大约20GB的原始数据，这对于一台20世纪70年代设计的设备来说，已经卓然于众了。2013年在智利建成的阿塔卡玛大型毫米波/亚毫米波阵列（Atacama Large Millimeter Array，简写为ALMA）现在每天都能产生2TB数据。

数据洪流

新一代的天文观测设备的灵敏度通常都比上一代高出至少10倍，其中既有技术进步的功劳，也是因为科研任务体量更大了。根据新任务所需要的时间来看，在同一波长，新一代的天文设备可以观测到数百倍之多的天文信息。例如，20世纪90年代高能伽马射线望远镜（Energetic Gamma Ray Experiment Telescope，EGRET）与NASA刚满10岁的费米伽马射线望远镜相比，前者在太空中仅能探测到大概190个射线源，而费米能探测到5000多个。

目前智利境内在建的大型巡天望远镜（Large Synoptic Survey Telescope，LSST）未来将大大加快巡测太空的速度，预计它投入使用后每隔几晚就可以完成整个太空的巡测。它的灵敏度之高足以使其每晚对崭新或瞬间的射线源产生1000万次提醒，十年之后数据将累积逾15PB。

平方公里阵列望远镜（Square Kilometre Array，SKA）是一个雄心勃勃的计划，将在2020年完成，届时将成为世界上最灵敏的望远镜。它一年的探测数据将超过全网产生的所有数据。

2016年9月竣工的中国科学院"天眼"（Five-hundred-meter Aperture Spherical Radio Telescope，FAST）是SKA的中国改版。在国家天文台总工程师南仁东研究员的主持下，中国建成了这台目前国际上最大的单口径望远镜，500米的口径使它得以无死角观测太空，其产生的观测数据将为庞大的数据库再添一笔重量级的墨彩。

这些宏大的项目对科学家的数据处理能力会构成考验。图像需要进行自动处理，意味着需要先将数据缩小到可处理的范围，或者转化为成品。新型天文台无疑也挑战了计算机的极限，它庞大的数据库要求计算机具备每天处理数百 TB 数据的能力。天文台获得的数据都是向公众开放的，要知道它的体量比我们日常使用的 1TB 硬盘要多上 100 万倍。

解锁新科学

数据的浩荡洪流将使天文学发展为更开放和更需要合作的学科。在开放充裕的网络数据、如饥似渴的学习群体和高涨的积极性环境中，公众可以参与并投身于科学。例如，计算机程序 Einstein@Home 就是为了鼓励普通人在闲余时间帮助搜寻高速转动的中子星。

公众尚且如此，就更不用说科学家有多兴奋了。科学家经常参与具有很大时间跨度的物理现象研究，很多现象的跨度远超过普通人一生，而且毕生难遇。比如典型的星系并合，就像它给人的直观理解一样，会持续数万万年。我们能捕捉到的只是一张快照，好比一帧车祸录像的瞬间定格画面一样。

但也有时间跨度短一些的现象，比如几十年的，几年的或者几秒的。正是通过这种研究方式，科学家们在新的研究中发现了数千个黑洞。科学家最近还发现，邻近的矮星系中心发射的 X 射线自 20 世纪 90 年代被探测到以来正在减弱。这些崭新的发现都意味着在过往数据的长河中还埋藏着待见天日的珍宝。

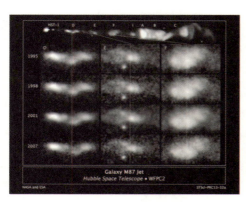

来自巨大的椭圆星系 M87 黑洞的高温气体喷射流

本文的作者，马里兰大学的研究人员艾琳·迈耶（Eileen Meyer）正在做一个有趣的项目。她利用哈勃的数据制作喷射流的电影，喷射流也就是黑洞喷射的成束高速等离子体。在电影中，迈耶使用 M87 星系长达 13 年的 400 个原始图像作为素材，第一次展示了等离子体的扭转运动，从而揭示了喷射流的螺旋结构。正是凭借其他观测者为了其他目的观测得来的数据，迈耶在不经意间圆了儿时的梦想。随着天文图像变得越来越大、分辨率越来越高，甚至灵敏度也越来越高，这类研究也会逐渐演变成标准化研究。

在多元宇宙中，生命可能是非常普遍的存在

李楠 / 编译

为什么在宇宙中存在生命？星系、恒星、行星以及生命的存在似乎都是取决于一些至关重要的基本物理常数。那么，宇宙的这些规律为什么恰好就是它们现在这个样子呢？这只是一个幸运的巧合吗？

在过去的几十年中，有一个理论越来越受欢迎，即多元宇宙理论。根据这个理论，我们的宇宙只是无限多元宇宙中的一个。而在无限多元宇宙中，新的宇宙不断诞生。新兴宇宙的诞生似乎也遵从大量物理定律和基本常数，但其中只有一小部分适合生命存在。因此，我们有理由相信，会有一个宇宙拥有我们所需要的特定基本常数，从而能够允许生命很好地生存。

但是 2018 年在英国《皇家天文学会月报》上发表的一项新研究却使事情变得复杂了，因为它可能表明在平行宇宙中生命的存在比我们以前想象得更为普遍。

虽然目前还没有物理证据证实平行宇宙的存在，但是有些解释宇宙形成的理论似乎说明平行宇宙的出现是不可避免的。我们的宇宙始于大爆炸，随后是一段非常快速的扩张，这一时期被称为暴涨期。但是，根据现代物理学的理论，暴涨期不太可能是一个单一的事件。相反，许多不同的宇宙碎片可能会突然开始膨胀，体积会变得非常巨大，也就是说每个气泡都以自己的方式变成一个新宇宙。

有人认为，我们可能有一天能通过宇宙微波背景辐射发现与平行宇宙的碰撞印记。然而，也有人认为多元宇宙理论只是一个数学错误，而不是现实。

暗能量

宇宙中有个非常重要的存在，也是一种神秘而又未知的力量，被称为暗能量。

目前，暗能量占了我们宇宙的 70%。它不会令宇宙膨胀的速度减缓，只会加速宇宙的膨胀。

目前很多理论认为，在多元宇宙中，暗能量应该特别丰富。多数宇宙中应该有着大量的暗能量，大约是我们宇宙的百万倍、十亿倍，甚至万亿倍。但如果暗能量太过丰富，宇宙会在引力将物质聚集形成星系、恒星、行星或生物之前就自我分裂。

虽然我们所在的宇宙暗能量含量极少，但可能正是因为暗能量这么少，这个宇宙才孕育出了生命。多元宇宙理论可以帮助我们解释它的丰度为什么这么低，因为在无限的多元宇宙中总会存在一些暗能量少到不可思议的个例。

然而，这个理论仍然要求我们宇宙的暗能量有一个阈值，这个值是允许智慧生命存在的最大值。因为在多元宇宙中，存在大量的暗能量的宇宙应该比低含量的更常见。与此同时，我们估计生命只存在于少数的宇宙中。在这个宇宙簇中，暗能量要低于阈值。在这个前提下，宇宙中的物质仍然可以聚集在一起而形成恒星和星系。这意味着暗能量丰度高（接近最大值）的宇宙比丰度低（接近最小值）的宇宙更适合生命体存在，它们在宇宙中的数量也应更多，这就对生命的存在给出了更合理的解释。

那么我们是生活在这样的一个宇宙中吗？通过研究，人们正逐渐了解这个最大值是什么以及是否可以逼近它。

计算机模拟

计算机宇宙模型"老鹰计划"已经成功解释了我们宇宙中观测到的星系的性质。这些模拟的理论基础是物理定律，程序会随着大爆炸产生的宇宙暴涨跟踪恒星和星系的形成。在这个模型中出现的星系看起来非常像那些通过望远镜在夜空中看到的星系。

这一成就可以用于研究在多元宇宙中的其他区域，恒星和星系是如何形成以及它们的演变过程又如何，结果也很令人信服。程序创造了许多计算机生成的宇宙，除具有不同含量的暗能量之外，其他没什么不同。起初，宇宙都以相似的速度扩张，但随着大爆炸遗留能量的消散，暗能量的作用逐渐突出。暗能量充沛的宇宙扩张速度惊人。

然而令人惊讶的是，有些比我们的宇宙多 10 倍甚至 100 倍暗能量的新兴宇宙所产生的星系和行星几乎与我们的宇宙一样多。这意味着我们的宇宙的暗能量含量可能远未达到允许生命存在的最大值。引力的影响比我们以前想象的要强得多。看起来，在整个多元宇宙中，生命是相当普遍的，或许比我们以前认为的要更普遍，多达百万倍、十亿倍，甚至万亿倍。

这些发现提出了无限多元宇宙可以解释在岩石地表上暗能量低的观点。有趣的是，史蒂芬·霍金在他之前发表的论文中指出，多元宇宙远不是无限的，它更有可能包含有限数量的十分相似的平行宇宙。

还有一个问题也让人感觉很不舒服。对于多元宇宙论来说，当前观测到的暗能量丰度值很难解释生命是怎样产生的。似乎需要一种新的物理定律，或者一种理解暗能量的新方法来解释我们宇宙中的种种令人费解的现象。但好消息是，我们离破解这一难题又近了一步。

想要探索外太空？请先解决这八个伦理问题

李楠 / 编译

场景一：比子弹飞得更快的金属弹片，被撞得粉碎的航天飞机，被送入太空的宇航员，谁是罪魁祸首？答案是空间碎片——被导弹炸毁的俄罗斯卫星残骸。瑞恩·斯通（Ryan Stone）是唯一的幸存者，由于氧气供应不足，他必须要尽快找到返回地球的路，而距离最近的太空飞船却还有几百英里。

场景二：20 年后，在火星上，一个来自地球的探索任务出了问题。一场罕见的沙尘暴迫使船员们离开了这个星球，留下了一名叫作马克·沃特尼（Mark Watney）的宇航员。人们本以为他遇难了，但他却奇迹般地活了下来。但同时，他得想办法在等待救援期间考虑如何种植粮食，自给自足。

好莱坞知道怎样鼓舞和激励我们去了解外层空间。像《地心引力》（2013）和《火星救援》（2015）这样的电影把太空描绘成充满敌意和不确定性的地方，这里对任何敢脱离地球的安全区域进入太空进行探险的人来说，可谓步步惊心。

然而这只是故事的一部分——以人为中心的部分。当然，没有人希望看到宇航员在太空中遇难或被困。我们都想享受太空科学的研究成果，比如确定哪些行星可以承载生命，以及我们在宇宙中是否独一无二。

重视空间

但是，除宇宙对我们人类的影响之外，我们还应该关注宇宙本身吗？这是一个大问题，被称为外太空环境伦理的第一个问题，也是一个被很多人长期忽略的领域，我们称它为问题 1。来自圣安德鲁斯大学（University of St. Andrews）的一个研究小组正在试图改变这一现状。我们应该如何评价宇宙取决于另外两个有趣的哲学问题：

问题 2：我们最容易在其他地方发现的生物是微生物，那么我们应该如何看待这种生命形式？大多数人会接受这样一个观点，每个人都具有其内在价值，而不应仅仅考虑他们是否对他人具有功能性。接受这一点，道德就会指导我们如何对待他们和他们的生活空间。

人们开始接受哺乳动物、鸟类和其他动物也是如此。那么微生物呢？像阿尔贝特·施韦泽（Albert Schweitzer）和保罗·泰勒（Paul Taylor）等哲学家曾经认为所有的生物都有自身的价值，这显然包括了微生物。然而，整个哲学体系尚未就这种生物中心主义达成共识。

问题 3：对于不适合生命居住的行星和其他地方，我们应该给它们的环境赋予什么价值？可以说，我们关心地球上的环境，主要是因为它哺育了生活在这里的物种。如果是这样的话，我们可能会把同样的想法延伸到其他能够维持生命的星球上。

但是这对"死"的行星不起作用。有人提出了一种名为美学价值的观念，认为有些东西值得珍惜，不是因为它们有用，而是因为它们在美学上是美妙的。他们不仅将此理论应用于达·芬奇的蒙娜丽莎和贝多芬的第五交响曲等伟大的艺术作品中，还应用在了一部分地球环境中，例如大峡谷。这些可以适用于其他星球吗？

陌生环境

如果我们能回答这些理论问题，那么我们就能着手研究关于太空探索的第四个重要的现实问题：

问题 4：是否有责任保护其他星球上的环境？当谈到派遣宇航员、仪器或机器人到其他星球时，显然需有明确的科学原因，确保他们不会携带地球上的生物并将其留在那里。否则当我们发现生命时，就无法判断它是否是原住民，更不用说彻底消除它的风险了。然而，究竟是科学的清晰度重要，还是银河系的"环境保护"重要呢？

问题 5：除了生物污染，还有哪些可视为与保护地球环境理念相悖的行为呢？也许是钻取岩心样本，或者是遗留仪器，又或者是把轮胎的痕迹埋在泥土里？

问题 6：那么小行星呢？这是一场正进行得如火如荼的竞争，人们改进开发技术来开采小行星上可能存在的大量矿物。没有人认为我们也应该为小行星的环境负责。

同样的道理也适用于广阔的宇宙空间。电影《地心引力》给我们提供了一些以人类为中心的理由，让我们担心太空中碎片的堆积。如果是这样的话，我们的义务是创造更少的碎片，或者生产更好的产品，尽量不产生新的碎片，甚至清理我们已经产生的废弃物。

问题 7：出于何和角度的考虑，才会平息对于太空行为伦理的争论？究竟是什么样的理由（例如知识、科学、实用、利益等），才足以令我们放弃义务？

我们仍需考虑不可避免的风险和不确定性。我们不知道太空探索会带来什么好处，也不能确定我们所访问的行星会不会受到生物污染。我们应该承担什么样的风险并期望什么样的回报呢？

地球主义

在有关外太空讨论中至少有一点还不必担心，那就是我们对那里的任何东西都还没有特别依赖。因此，这些伦理问题可能是人类在很大程度上能够解决的。并且，回答这些问题可能会帮助我们在全球变暖、大规模物种灭绝和核废料处理等地球问题上取得进展。

太空探索也直接引发了一些我们对于地球的思考，一旦我们克服了阻碍星球改造的技术难题，比如对于火星的地球化，或者找到了可以到达宜居的系外行星的方法，我们将遇到一个非常重要的问题：

问题 8：既然地球不是人类唯一的潜在家园，那么一旦我们真的能去别的地方，保护地球环境的理由又会是什么呢？

"盖娅之谜"的合理解释

李楠 / 编译

我们可能很难再现地球上的生命起源的一幕。也许是在一个阳光普照的浅水池里，抑或是在海平面以下几千米深的海底那些涌出富含矿物质液体的地壳裂缝附近。尽管我们已经有了足够的证据证明至少在 37 亿年前，生命已然存在，但我们仍然对生命的起点知之甚少。

已经过去的亿万年告诉了我们一个显而易见的事实：生命一直在延续。尽管地球不断被小行星撞击，爆发过毁灭性的火山灾害，也经历过极端的气候变化，但是生命不仅没有消失，反而愈发强大。

这是怎么发生的？ 2018 年发表在《生态学与进化研究趋势》上的研究成果巧妙地回答了这个问题，并且为"盖娅假说"提供了新的解释。

科学发明家詹姆斯·洛夫洛克和微生物学家林恩·马古利斯阐述了"盖娅假说"。该假说最初认为生命通过与地壳、海洋和大气的相互作用，尤其是大气的构成和气候变化，对地球表层产生了稳定的影响结果。有了这样一个自我调节的过程，生命就能够在这样的条件下生存下来，而这种条件原本可以在没有自我调节能力的行星上令生命不复存在。

20 世纪 60 年代，洛夫洛克在为美国国家航空航天局工作时提出了"盖娅假说"。他认识到生命并不是地球上的过客，相反，生命彻底重塑了地球，创造了石灰岩等新岩石，通过产生氧气影响了大气，并推动了氮、磷和碳等元素的循环。人类造成的气候变化很大程度上是我们燃烧化石燃料释放二氧化碳的结果，而这只是生命影响地球系统的最新方式而已。

现在人们已经承认生命是地球上的一股强大力量，但对"盖娅假说"仍然存在争议。尽管除一些特殊情况之外，地表温度有利于液态水的普遍存在。但许多研究人员认为这要归功于偶然的好运气。如果地球完全进入了冰冻或高温状态（类似于火星或金星），那么生命就会灭绝，我们也无须在这里思考它是如何持续这么久的了。这是一种人们普遍接受的观点。

地球上的生命无疑是幸运的。首先，地球在太阳系中处于宜居地带，它以一定的半径围绕太阳运行，这个距离使得地球的表面温度适合产生液态水。或许宇宙中有其他奇特的生命组成形式，但就目前我们所了解的情况来看，生命的组成需要水。地球上的生命也很幸运地避免了巨型小行星的撞击。如果一块陨石比6600万年前导致恐龙灭绝的陨石大的话，就可能彻底摧毁地球。

但是，如果生命能让命运天平向自己倾斜呢？如果生命在某种意义上，通过减少行星尺度扰动的影响，从而让自己变得幸运呢？这就引出了"盖娅假说"中最突出的问题：行星的自我调节是如何起作用的？

虽然自然选择的解释性很强，并且可以说明我们所观察到的物种随时间的变化，但我们一直缺乏一种理论机制来解释地球上的生物和非生物是如何进行自我调节的。因此，"盖娅假说"通常被认为是一个有趣的设想，但也只是推测性的，也就是说这项假说并不是基于任何可验证的理论而提出的。

选择稳定

现在，人们似乎终于找到了"盖娅假说"的合理解释，其机制是"顺序选择"。原则上讲很简单，当生命出现在这个星球上时，它就开始影响着环境条件，逐渐形成一种稳定的状态。这种稳态类似于恒温箱，但也可能是一种不稳定的失控状态，例如雪球时期，这个事件几乎让地球上生活了超过了6亿年的物种覆灭殆尽。

如果稳定下来，生物则将会进一步得到进化，这将重新配置生命与地球之间的相互作用。一个著名的例子是在大约30亿年前的没有氧气的世界里，出现了可以产生氧气的光合作用。如果新出现的相互作用逐渐稳定，那么行星系统将继续进行自我调节。但新的交互作用也可能产生干扰和失控。就光合作用而言，在大约23亿年前的"大氧化事件"中，它导致大气中的氧气水平突然升高。这是地球历史上为数不多的时期之一，它可能比现有的生物圈要好得多，并且彻底地重启了环境系统。

选择机制

生命和环境自发地进行自我调节的机会可能比我们预期的要多得多。实际上，生物多样性越丰富，这种可能性就越大。但这种稳定性是有限度的。如果把系统推得太远，它可能会超越临界点，迅速崩溃，然后进入一个新的、可能非常不同的状态。

詹姆斯·拉夫洛克在希腊女神盖娅雕像旁边

这不是一个纯粹的理论推理，因为我们可以用许多不同的方法来检验它。从微观尺度来说，我们可以进行不同细菌菌落的实验。而宏观尺度上，它涉及寻找其他恒星系的生物圈，并利用这些数据来推算宇宙中生物圈的总数，了解它们的产生和延续状况。

我们不该忘记这些发现与当前气候变化之间的相关性。无论人类做什么，生命都会以某种方式继续。但如果我们继续排放温室气体，从而改变气候，那么我们就有可能助推某些危险难控的气候变化。而这些危险可能使人类文明走向终结，我们也就不再能够进一步影响气候了。

"盖娅假说"所描绘的自我调节可能非常有效，但没有证据表明它更钟情于某一种生命组成方式。在过去的 37 亿年里，地球上出现了无数的物种，然后又消失了。我们没有理由认为人类在这方面将得到更多的眷顾。

中微子：打开人类认识宇宙的另一扇窗

王雷 / 编译

中微子（neutrino）是自然界中的基本粒子之一，它的质量非常轻，几乎不与其他物质发生相互作用，因此被称为"幽灵粒子"。迄今为止，科学家已经捕捉到来自超新星和太阳的中微子。

目前，位于南极的中微子探测器"冰立方"（IceCube）观测到

冰立方（IceCube）实验室模拟图

由耀变体（blazar）产生的中微子，这是 30 多年来首次发现宇宙中微子的来源。更重要的是，这是科学家第一次观察到与天体物理事件相关的高能量中微子。该发现发表于《科学》（Science）杂志上，揭开了中微子天文学的全新篇章。

中微子的奥秘

中微子难以观测的原因是它与其他物质的相互作用十分微弱。大多数中微子可以直接穿过地球，并且与地球几乎不发生相互作用。理论物理学家沃尔夫冈·泡利（Wolfgang Pauli）在 1930 年提出了中微子存在的假说，然而直到 1956 年，美国物理学家克莱德·科温（Clyde Cowan）和弗雷德里克·莱因斯（Frederick Reines）才第一次通过实验直接探测到了中微子。

科学家对中微子的观察使我们更好地了解超新星以及中微子本身的特性。例如，当一颗大质量恒星到达生命的尽头时，会爆炸成为超新星。研究发现相比于光子，超新星

冰立方钻塔和消防管道

可能发射更多的中微子，这是肉眼所看不到的。1987年，一颗恒星在银河系外爆炸时，科学家发现了第一批来自超新星的中微子，这一事件标志着中微子天文学的诞生。

此后，科学家建造了强大的中微子望远镜，其中之一是著名的萨德伯里中微子天文台（Sudbury Neutrino Observatory）。物理学家阿特·麦克唐纳（Art McDonald）和他的团队使用这个天文台对太阳中微子及其粒子特性进行了详细的研究，由此获得了2015年诺贝尔物理学奖。

冰立方（IceCube）中微子探测器

冰立方工作示意图

另一台探测器现已发展成为世界上最大的中微子探测器——冰立方，它位于南极点附近，隶属于冰立方实验室（IceCube Lab）。虽然中微子通常不与任何物质发生相互作用，但它们偶尔与构成冰的基本粒子发生相互作用，从而产生带电粒子。冰立方建在南极深达2400多米的冰原下，可以避免南半球的宇宙射线对其产生干扰。中微子望远镜的透明度很高，从而使传感器阵列可以发现撞击产生的光，而且南极的冰下环境足够黑，可以防止自然光产生干扰。

2017年9月，冰立方观测到具有极高能量的中微子，据科学家估计，达到183万亿~290万亿电子伏特（能量单位），这比世界上最强大的粒子加速器——大型强子对撞机（Large Hadron Collider）产生的粒子的能量多了28~45倍。这一令人兴奋的新发现已经被证明来自一个耀变体。耀变体是一种密度极高的高变能量源，被假定为是处于寄主星系中央的超大质量黑洞。冰立方天文台在电磁波的不同波段（无线电、光学、伽马射线和X射线）对耀变体进行了观测。科学家一直怀疑耀变体是宇宙中高能中微子的可能来源，现在终于有了确凿的证据。

耀变体中微子源的证明是中微子天文学方面取得的重大进展，为中微子观测提供了新的信息，帮助科学家更好地理解中微子这位宇宙间的"隐身人"。科学家已经开始研究耀变体中微子加速的机制以及耀变体产生如此巨大能量中微子的原因，这都将有助于我们更多地了解宇宙中微子。

追寻光的故乡

李楠 / 编译

春天，数不清的花蕾在树木和灌木的枝头上待开。这个时节如果放在宇宙演化的时间轴上，所对应的应该是大爆炸后几亿到十亿年之间的那段时期。那时，第一批恒星开始燃烧发光，宇宙不再一片黑暗。

在整个宇宙的演化史中，这是我们急于绘制的一块拼图。2018年，天文学家在一个比以往任何时候看到的都要远的星系中发现了氧气，而这个星系在大爆炸后仅仅5亿年就存在了。这些事实为回答"宇宙中第一批恒星在何时形成"这个问题，提供了新的线索。

这个"宇宙黎明"时期之所以重要，不仅因为第一批星系在此时诞生，而且它是宇宙一个重要的过渡时期。在这个时期，电中性的星系间介质（围绕在星系周围的广阔的氢气海洋）中的原子受到从第一个星系逃逸出来的紫外线辐射的轰击，其电子被从原子中剥离出来，导致气体带电，即"离子化"。这个阶段被称为"再离子化时期"，其具体过程至今仍不得而知。如果可以看到这个过程是什么时候开始的，会对研究有着巨大的帮助。因此，探索的一部分就是寻找最遥远的星系。

天文学家通常是通过对光的探测来观察宇宙，而光穿过地球与其他恒星系的辽阔空间需要相当长的时间。此时此刻，你手机屏幕上的光大约需要1/3纳秒就可以到达你的眼睛。而离太阳最近的恒星发出的光需要4年才能到达地球。令人惊讶的是，从名为MACS1149-JD1的星系中心发出的光，要经过130亿年的漫长旅行，才能在地球上被探测到。这意味着我们看到的MACS1149-JD1是它 130 亿年前（也就是大爆炸后大约 5 亿年）的样子。

强大的探测能力

利用位于智利的"阿塔卡马大型毫米 / 亚毫米阵列"(ALMA)，科学家在遥远的星系中探测到了一个强信号（发射线）。正如棱镜将太阳的光线分离成彩虹光谱一样，我们也可以分离来自遥远星系的光线，这就是所谓的光谱学。发射线是星系光谱中明亮的尖峰，它们来自不同的元素。每个元素都能释放出特定能量的光。

这个特殊的发射线来自电离的氧气。它的存在告诉我们，当时星系正在形成恒星，因为离子化所需的能量一定来自巨大的、炽热的年轻恒星。如果在地球上测量相同类型气体的发射线，我们将在 0.088 毫米波长处探测到它。但由于宇宙膨胀，其他星系正在远离我们，这导致它们发出的光在光子到达地球的漫长旅程中波长被拉长了。距离越远，波长增加越明显。

这个现象被称为光谱红移，它最终能告诉我们，在光线第一次发射时的宇宙大小与今天的宇宙大小的比率。在 MACS1149–JD1 中观察到的氧发射线实际上是在 0.88 毫米处被探测到的，这意味着其波长被拉伸了 10 倍。换句话说，在光发射的时候，宇宙只有现在的 1/10 大，而当时宇宙的年龄只有现在的 4%。

通过这种方式探测遥远星系中的发射线，我们能够准确判断正在观察的是处于宇宙历史中哪个阶段的星系。当然，最遥远星系的光线也是最微弱的。如果你想看得更远，你需要更强大的望远镜。ALMA(由协同工作的 66 台射电望远镜组成) 是一组非常强大的望远镜，它正在彻底改变天文学家对早期宇宙的看法。它不仅具有极高的灵敏度，而且可以探测一部分电磁波谱，使人们能够获得更多的有关发射谱线的信息。

为了探测这些发射线，研究小组还利用了一个天然的望远镜——一个巨大的星系团。从 MACS1149–JD1 发出的光在到达 ALMA 的过程中必须要穿过这个巨大的物质密集区。它的质量如此之大，以至于明显扭曲了时空，这意味着光线在引力透镜作用下"弯曲"。引力透镜同时增强了 MACS1149–JD1 的亮度，使其更容易被观测到。

远眺最古老的恒星

MACS1149–JD1 并不是有记录以来最遥远的星系，但是这项新的发现让我们对星系形成的历史有了更深入的了解。这次的发现比此前观测到的类似现象要早数亿年，甚至比已知的最遥远的星系的存在也要早得多。事实上，星系中氧气的存在告诉我们，恒星的形成一定已经在 MACS1149–JD1 中持续了一段时间。这是因为氧元素只能在恒星内部形成，这个过程叫作恒星核合成。但我们不知道的是这些恒星是什么时候开始燃烧的。

结合哈勃太空望远镜、欧洲南方天文台的超大望远镜和斯皮策太空望远镜的数据，研究人员制作了一个 MACS1149–JD1 "恒星群" 模型。这使得他们可以估算是哪些恒星一起发射了哪些特定电磁波段的射线。这个模型的建立包括估算星系的 "恒星形成历史"，以及描述那些恒星的形成速度。模拟表明，如果要产生已经观测到的发射线，恒星肯定是在大爆炸后 2.5 亿年就开始形成的，当时宇宙的年龄只有现在的 2%。换句话说，即使在那么早的时候，MACS1149–JD1 就已经是一个相当成熟的星系了。

这是一项巨大的科学成就，因为以目前的技术，还无法观测到大爆炸后 2.5 亿年就存在的星系。尽管计划于 2021 年发射的詹姆斯·韦伯太空望远镜也许能做到这一点，但是在那之前，天文学家只能用这种间接的方法来研究在 MACS1149–JD1 之类的古老星系中，恒星最初是在何时形成的。其实，通过观察 "花蕾"，天文学家已经可以推算 "花朵" 第一次开放的时间。

海王星外小行星的新发现及其重要意义

牟庆璇 / 编译

太阳系在巨大而黑暗的宇宙中只是一个微小的角落，人类已经能够探索地球附近的天体，却还不足以勾画太阳系边缘的景象。2018 年，英国贝尔法斯特女王大学（Queen's University Belfast）行星科学家米歇尔·班尼斯特（Michele

Bannister）和她的团队报告称，他们在海王星（Neptune）以外的遥远区域发现了 840 颗小行星。这是迄今为止最大的一组发现，将现在已知的太阳周围的远距离天体数量增加了一半。

这些个头不大的冰冷天体的发现非常重要。它们可以帮助人类了解太阳系的历史，还可以帮助测试在太阳系外围是否仍然潜藏着一颗看不见的行星。

人们今天看到的行星系统并不像它最初形成时的那样。当太阳刚形成时，它周围是一片气体尘埃星云；原始的星际介质逐渐开始向质量相对更大的地方聚集；越聚集质量越大，逐渐形成不同的行星，其中包括人类已经发现的一些天体；此后，行星向远离太阳的方向移动，直到进入它们现在的位置；另外，不断变大的小行星向着太阳运动，或者向太阳系外围运动。

天体迁移也发生在许多其他恒星星系中。幸运的是，太阳系中的行星距离地球相对较近，使得人们可以探测迁移的复杂细节。绘制从尘埃星云中遗留下来的小行星群体的位置图像，可以帮助推测大行星如何进入它们现在的位置。

观测运行轨道

这项新发现是作为"外太阳系起源调查"（Outer Solar System Origins Survey，OSSOS）五年项目中的一部分而进行的。研究团队在 2013—2017 年使用了位于夏威夷莫纳克亚山（Maunakea）上的加拿大－法国－夏威夷望远镜（Canada-France-Hawaii Telescope）的成像相机进行观测，该望远镜是世界上最大的望远镜之一。这项研究在天空中的 8 个区域范围内寻找微弱、缓慢移动的光点，而且这 8 个区域远离了银河系中星体密集的地方。

这 840 颗小行星是在距离太阳 6~83 个天文单位发现的，一个天文单位是太阳与地球之间的平均距离。该发现为研究这些"海王星外天体"（trans-Neptunian objects）的运行轨道提供了很好的依据。

他们在这项研究的初期阶段曾经历了挫折。当有效观测数据太少时，一颗小行星的预测路径会变得不确定，以至于望远镜无法再次发现它，最终可能会认为它"丢失了"。对于那些运行轨道较长且高度倾斜的小行星，这种事情发生的概率更大，从而对已知天体的理解产生偏差。

米歇尔团队成功追踪了 840 颗小行星的运行轨道。他们在几年的时间内对这些小行星进行频繁快照，这意味着可以非常精确地确定它们的轨道。经过对成百上千的监测数据进行超过37000次人工核对之后，最终确定了它们的运行轨迹。

米歇尔团队还创建了一个附带的软件"模拟器"（计算机模型），它提供了一个强大的工具来模拟太阳系现存和曾有的小行星。这让天文学家可以测试模型——太阳系如何成为今天看到的样子，并将它们与真实的情况进行比较。

奇特的小行星

这些寒冷的岩石小行星可以分为两大类：其中一类位于柯伊伯带内（Kuiper belt，指太阳系在海王星轨道外天体密集的区域）的圆形轨道，是距离太阳37~50个天文单位的小行星；另一类小行星是指当海王星的运行轨道距离太阳较近时，它们的运行轨道与其产生较小的偏离，包括冥王星（Pluto）在内的这些"海王星外天体"在海王星向外迁移时被推入目前的扁长的运行轨道。

他们在柯伊伯带发现了436颗小行星。它们的轨道确认集中在距离太阳43~45个天文单位的近乎圆形的"核心"轨道上。自太阳系形成以来，这些轨道可能没有受到干扰，属于原始尘埃云的剩余部分。在2015年曾访问冥王星的新视野号（New Horizons）探测器已在2019年元旦那天与一个约有伦敦市大小的小行星近距离接触。

研究发现共有313个"海王星外天体"，这比刚开始预测的数量多得多，而且有的天体距离太阳超过了130个天文单位。其中，矮行星2015RR245大约有英国的一半大小。它在几百万年前与海王星相遇后，进入目前的运行轨道，距离太阳大约82个天文单位。

有更多的行星吗?

最被大家熟知的行星按照自己的轨道运行着，新发现的这些小行星永远不会比海王星的轨道更接近太阳，并且需要长达2万年的时间才能绕太阳一圈。它们的存在意味着在类似轨道上还存在成千上万个看不见的海王星外天体。

这些小行星如何到达它们目前的运行轨道尚不清楚。即使在它们轨道上最接近海王星的地方，也几乎没有受到海王星的引力作用。目前已有的一个假设，是还存在一个看不见的大行星，可以称之为"第九行星"（Planet Nine），它的引力导致小行星在太空中聚集。然而，太阳系几大行星都以很缓慢的速度平稳展开，而不是聚集在一起。也许"第九行星"的引力作用更加微妙，又或者这些小行星的运行轨道是以不同的方式形成的。

关于太阳系历史的研究还处在起步阶段，希望这些小行星的发现有助于揭示太阳系的起源。

钻石——深埋地底的璀璨之石

李瑞 龚赛 / 编译

钻石闪耀的光芒是因为光在晶体结构内部发生反射

钻石的成分是碳，一种随处可见的元素，却具有近乎超自然的特性，代表了华贵、感性和坚强。而当我们想到碳元素的时候，更有可能进入脑海中的是乌黑、没有光泽、像土一样、质量很轻的木炭。

木炭也是由碳元素组成的，但是并不像钻石一样经受过高压。当碳原子经受超过 40 千帕压强（等于 40000 倍地球大气压）的时候，我们能够清楚地看到碳原子的晶格排列如何优美地重组并形成钻石。这样的条件只在距离地面 120 千米深的地下才能实现。

有些钻石来自深得多的地底——地表下 650 千米（大约相当于北京到青岛的距离）。在这些钻石中的微量杂质可以告诉我们在地球看不见的内部到底发生了什么。

与低压形式的碳如木炭或石墨相反，钻石中的碳原子彼此共同形成坚固的三维网络结构。这也就造就了钻石独特的物理性质：透明、坚硬、密度极高。

钻石发出闪亮光芒的原因是它具有非常高的折射率，这意味着光在晶体内部被"捕获"并从内部的表面再一次被反射出去。宝石工匠制作的切面又突出了这种特性。

钻石的开采

尽管钻石作为珍贵宝石有很长
的历史，但是直到 18 世纪早期，
基本上所有流通的钻石都来自印度
的河沙砾（被称为"冲积矿床"）。

随后，18 世纪上半叶人们在
巴西发现了钻石，从 1866 年开始
在南非开采钻石。也就是从那时起，
首次发现了作为钻石主要来源的被
称为"金伯利岩"的来自猛烈喷发
的火山的岩石。

加拿大北部的戴维克（Diavik）钻石矿

这一发现从根本上改变了钻石的勘探和开采，并且很快使得产量急速增长。
同时，钻石也在此时拥有了来自现代珠宝工业的大量需求。

长久以来，向市场供应的钻石被少数几个主要的生产商所垄断，比如来自南
非和博茨瓦纳的戴比尔斯（De Beers）、来自俄罗斯的埃罗莎（Al Rosa）、拥
有澳大利亚阿盖尔矿和加拿大矿产的力拓（Rio Tinto）以及拥有博茨瓦纳卡伦
温矿的卢卡拉钻石公司（Lucara）。

钻石的价值

与其他的资源如铜、金、石油或煤炭不同，钻石不属于现货市场。它的价值
多变，并具有很强的主观性，通常根据所谓的"4C"体系对其进行估价。"4C"
代表色泽（colour）、净度（clarity）、切工（cut）和克拉重量（carat，5 克
拉 =1 克）。

每克拉未经加工的钻石的价值通常在 10 美元到 3000 美元间波动。此外，
质量很大或历史价值很高的钻石的价格可能比这个价格又高出几个数量级。

44.5 克拉的蓝钻石"希望"（Hope），可以说是历史上最著名的钻石之一，

1109 克拉的钻石 "Lesedi La Rona" 2015 年在博茨瓦纳被开采出来

估价超过 2 亿美元。它不断被转卖的历史从 17 世纪的印度就已经开始了。其他一些近代以来以极高价格成交的钻石包括 "粉色之星" （Pink Star，59.6 克拉，成交价格 7100 万美元）和 "奥本海默之蓝" （Oppenheimer Blue，14.6 克拉，成交价格 5750 万美元）。

在博茨瓦纳出售的最大的未经加工的 1109 克拉的钻石原石 "Lesedi La Rona"，最后以 5300 万美元成交。

有色钻石的形成

"粉色之星" （The Pink Star）钻石被认为是目前世界上最大的完美无瑕的艳粉色钻石

许多钻石中会包含其他矿物，这些矿物来自产生钻石的深层地底。这些矿物给地质学家提供了非常丰富的信息。

比如说，钻石中包裹的橄榄石、辉石和石榴石告诉我们这些钻石来自 120 千米至 300 千米深的地下，也就是被称为地球次大陆岩石圈地幔的地层中。

这一地层是地球大陆板块的一部分，它位于被称为 "克拉通（cratons）" 的地球最古老的大陆壳区域以下。克拉通具有长达 40 亿年的历史，它包括澳大利亚的皮尔巴拉、南非的卡帕瓦、加拿大的大奴湖和俄罗斯的西伯利亚克拉通。

虽然大多数钻石来自次大陆岩石圈地幔，但是有些钻石却可能来自深得多的地壳深处，这种钻石被称为次岩石圈钻石。根据其中含有的矿物包裹物分析，这些钻石来自深度超过 650 千米的压强大得多的地下。

有一项研究对 "希望蓝钻" 这类的罕见蓝钻石进行了分析。研究人员发现，这种钻石中含有的矿物包裹物只有在深度超过 660 千米的具有极高压强的地下才能出现。因为其中含有微量的硼元素，所以这种钻石才会呈现蓝色。

而为什么硼会出现在地幔深处则是另一个有趣的问题。地球上的硼元素绝大多数集中在地壳的上部（深度小于 20 千米）和大洋的海水中。它在地幔深处岩石中的含量通常是非常低的。因此，硼一定是通过某种方式进入产生钻石的地层中。

"希望蓝钻"

上述方式是通过被称为"深俯冲"的过程完成的。在这个过程中，厚度大约为 100 千米的海洋板块的边缘会发生下陷并且插入地幔深处。这一过程会将硼和其他物质从地壳的浅层表面带入深度超过 700 千米的地底。随后，金伯利岩的喷发将钻石重新带回地壳表面。

观察地壳深处的窗户

除上述的硼的例子以外，其他不同地点的钻石矿的证据也证明了地壳表面的元素通过深俯冲过程被带入了地底深处。研究人员通过观察南非库里南钻石矿（Cullinan mine）的钻石中不同的碳的形态和南澳大利亚钻石中的矿物包裹物证实了上述观点。

具有可见包裹物的南澳大利亚钻石

钻石的价值在于它的美丽、坚硬和稀有，但是钻石也给我们提供了一扇了解地球结构和历史的窗户。

宇宙的热点在哪里?

张玥 / 编译

有什么会比太阳还要热?"有。在我们的宇宙中有很多地方都比太阳还要热。"2018 年,澳大利亚南昆士兰大学物理学教授布拉德·卡特(Brad Carter)和他的博士生杰克·克拉克(Jack Clark)共同撰文向公众解释了这个科学问题。

有很多地方都比太阳还要热

太阳是一团巨大的球状气体,其表面温度可以达到 6000 摄氏度,中心温度可达到上百万摄氏度。太阳之所以会如此炎热,是因为其中的气体在以一种特殊的方式燃烧,将部分气体转换成很多的能量。

太阳是一颗恒星,而有些恒星比我们的太阳还要大(而且质量也要大得多),核心温度也会比太阳还高。克拉克指出,有的恒星内部温度高达上千万摄氏度。

恒星不会马上爆炸的原因是自身引力与热辐射压力保持平衡。太阳就是如此,可以在长达数十亿年的时间里保持稳定。所以,我们还是很幸运的。

对于比太阳质量还重的恒星而言,其中的气体燃烧速度会更快,而且能量可能会突然耗尽。在自身引力作用下,恒星内部会向中心塌缩;但恒星的外部会首先向内塌陷,然后再反弹出去。这种壮观的景象被称作超新星爆发,而且可能产生极高的温度。

当一颗巨大的恒星经历超新星爆发后,残余的超高密度部分可能会形成科学家所谓的中子星或黑洞。这些体积小质量却很大的物体会吸收周围的气体和灰尘,产生很高的热量。

恒星很热是好事

不过,恒星很热实际上是好事。

卡特解释道,恒星会闪耀光芒,是因为它们很热,因此它们能够以自己璀璨的光芒照亮夜空。而且在恒星发出光芒的同时也产生了很多的热量,特别是在一颗恒星死亡后超新星爆发的时候。

令人惊奇的是，这种温度也会产生新的原子——这种微粒早在很久以前就从恒星开始飘向我们。克拉克解释道，原子就像是一块块积木——你生活中的每一件东西，甚至是你自己的身体，都是由原子组成的。来自遥远宇宙的很多不同原子会再次聚集，形成了地球、月球、太阳和你。

因此，恒星不只是产生热量，而且也贡献了你我身体中的原子，以及我们地球上所见到的一切。正如天文学家卡尔·萨根（Carl Sagan）所说，我们都是"星尘"，这也正是因为恒星是非常热的地方！

维尔塔宁彗星：来自遥远宇宙的圣诞礼物

王雷 / 编译

维尔塔宁彗星（46P/Wirtanen）也被称为"圣诞彗星"，于 1948 年被美国天文学家维尔塔宁（Carl Wirtanen）发现。目前它绕太阳一周需要 5.4 年，每次与地球之间的距离也不相同，2018 年圣诞前夕距离地球特别近，大约只相隔 1152 万千米（地日平均距离的 1/13）。天文学家表示，圣诞节前后的维尔塔宁彗星是夜空中最亮的星，运气好的话可直接用肉眼观测。

圣诞彗星的轨道

彗星拥有各种各样的形状和大小，例如海尔 - 波普彗星（Hale-Bopp）直径大约 120 千米，而圣诞彗星直径仅有 1.2 千米。大多数彗星，主要由尘埃和冰组成，大部分时间都在奥尔特云内（尚未被证实的一个包围太阳系的球体云团，分布有不少不活跃的彗星）度过。彗星周期性地围绕太阳运动，轨道一般有三种：椭圆、抛物线和双曲线。不过彗星轨道并非一成不变，在木星等大行星的影响下，周期彗星可以转变为非周期彗星。

圣诞彗星的轨道没有扩展到奥尔特云，因此它被称为木星轨道彗星，其轨

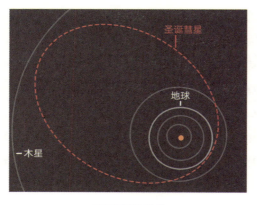

圣诞彗星的椭圆轨道

道仅延伸至木星的轨道（下图左上区）。拥有近距离轨道的好处就是运行周期短，所以圣诞彗星大约每隔五年半就会掠过地球一次。而著名的哈雷彗星绕太阳一周的时间为 76 年，上一次哈雷彗星掠过地球是 1986 年，那么下一次它与地球的相遇将在 2061 年。

圣诞彗星的尾巴

彗星分为彗核、彗发和彗尾三个部分。彗核由冰物质构成，当彗星接近恒星时，彗星物质升华形成朦胧的彗发和一条物质流构成的彗尾。

圣诞彗星与其他彗星一样，也有一条标志性的尾巴。彗星有两种截然不同的尾巴：当彗星靠近太阳时，彗星内的挥发物（气体和低沸点的冰）开始升温并蒸发，形成一种气体性彗尾；而更直更蓝的尾巴是由太阳的带电粒子（太阳风）引起的。

因为这些粒子沿着太阳的磁场线运动，所以这条尾巴总是直接指向背离太阳的方向。来自彗核的尘埃可以被太阳辐射的压力带走，使得更具标志性的尘埃尾巴在彗星后面出现。

圣诞彗星的观测

圣诞彗星的彗尾会延伸近 100 万千米，因此可以从地球上观测到。居住在没有太多光污染地区的人用肉眼就能看见，而居住在城市的人则需要借助望远镜才能看见。

天文学家指出，2018 年的圣诞彗星足够明亮，最亮时可达 4 等，在较好的观测条件下肉眼可见。圣诞彗星大约以每秒 10 千米的速度飞掠地球，向着地球轨道外的方向飞去。

天文学家表示，圣诞彗星将是 1950 年以来距离地球最近的第 10 颗彗星，因为很少有彗星能够直接被肉眼看到。用一架小型双筒望远镜或天文望远镜向东方看去，也许就能看到这颗绿色而模糊的彗星。

　　圣诞彗星已经被天文学家选为定期观测目标，以进行太阳系早期遗迹（太阳系形成过程中的物质）的研究，这意味着在每次圣诞彗星靠近时，对它的观测可能都很重要。

气候与环境

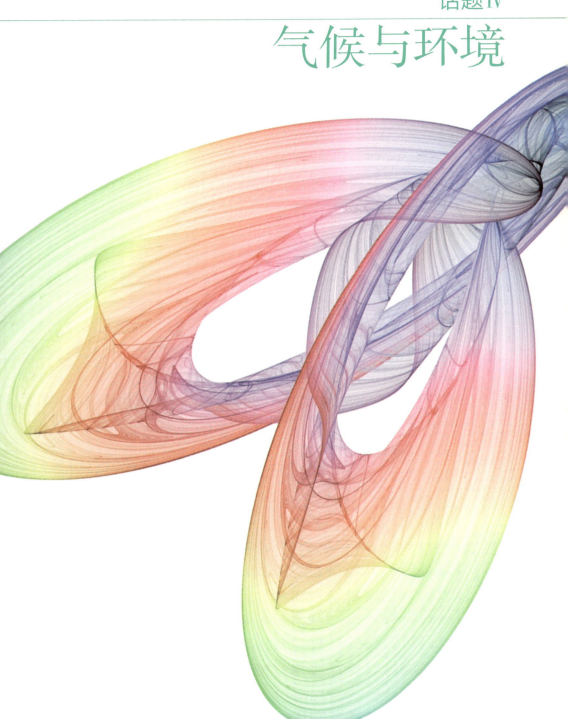

融化的北极冰盖预示着整个地球气候变暖

崔倩 / 编译

科学家早就知道，气候变化首先导致了地球升温，其影响在北极地区最为明显。这有很多原因，但气候反馈是其中的关键。随着北极变暖，冰雪融化，地表会吸收更多的太阳能，而不是将其反射回太空。这使得地表变得更加温暖，从而导致更多冰雪融化。

正如马克·塞雷兹（Mark Serreze）在他的新书《勇敢的新北极》中所述，这种预测已经成为现实。这是一个引人入胜的故事：气候变暖产生的影响是显而易见的——冰穹和冰川正在缩小，使得阿拉斯加的道路变得如他们脚下融化的冻土一样崎岖。

然而对许多人来说，北极似乎是一个遥远之地，那里发生的事情似乎与他们的生活无关。让人难以接受的是，地球升温的同时，你却正在对抗最新的暴风雪。

马克花了超过 35 年的时间研究冰雪和寒冷的地方。当他声称他怀疑人类活动在气候变化中发挥了作用时，人们常常感到惊讶。《勇敢的新北极》记录的是他作为气候科学家的职业生涯，以及与其合作过的许多科学家的发展观。当他刚开始在北极地区工作时，科学家了解到冰雪覆盖的区域具有不同但大致恒定的气候。在 20 世纪 90 年代，他们意识到这些区域在发生变化，但他们花了多年的时间才弄清楚为什么。现在科学家正试图了解在北极正在发生的转变对地球上其他地区的影响，以及曾经的北极是否会再次出现。

证据堆积如山

北极地区迅速变暖的证据不仅仅是缩小的冰盖和崎岖的道路，还包括格陵兰冰盖的融化，夏季北极浮冰覆盖区域的急剧缩小，永久性冻土的变暖和融化，灌木占据了以前被树篱、草、苔藓和地衣所主宰的苔原地区，而且北极温度升高的幅度是全球平均值的两倍。这种急剧的变暖甚至有一个名字——北极放大。

北极在 20 世纪 90 年代初开始引起轰动。最初的变化迹象是海洋略有变暖，海冰明显减少。之后的十年间发生的某些事情显而易见。但是对马克·塞雷兹而言，这些现象看起来像是气候的自然变化。正如他所看到的，风向的变化可以解释许多变暖现象以及海冰的流失，似乎没有太大的必要去援引温室气体浓度上升这个理由。

2000 年，马克与研究北极科学不同领域的一些主要研究人员合作，对他们观测到的所有变化的证据进行了全面分析，并针对这些变化做出阐释。他们得出的结论是，尽管一些变化如海冰的缩减与气候模型的预测一致，但其他变化则不是。

需要明确的是，他们并没有问及温室气体浓度上升的影响是否像预期的那样首先出现在北极地区，支持这一预测的科学理论是坚实的，问题是这些影响是否已经出现。最终他们做到了，而且做得很好。在 2003 年左右，马克对人类行为引起变暖的绝大部分证据表示认同，并开始警告公众那些北极告诉人类的事情。

眼见为实

当马克发现加拿大北极地区的两个小冰帽已基本消失时（作为一名年轻的研究生，他在 1982—1983 年曾对其做过研究），他对这种气候变化的速度感到震惊。

加拿大国家冰雪数据中心工作人员布鲁斯·劳普（Bruce Raup）一直使用高分辨率卫星数据来绘制世界上所有的冰川和冰盖的分布图，这些都是移动的目标，因为它们中的绝大多数正在融化和缩减，并将导致海平面上升。

2016 年的一天，当马克走过布鲁斯的办公室时，看到布鲁斯俯身在他的电脑显示器上，他问他们是否可以检查一下这两个冰帽。在他于 20 世纪 80 年代初对这两个冰帽的研究期间，较大的一个可能移动了 2.4 千米。在那两个夏季的实地工作中，他几乎了解了每一块冰帽的变化情况。

当布鲁斯发现冰帽时，马克惊讶地发现这两个冰帽缩小到了几个足球场的大小。它们今天甚至更小——这些冰块在几年内肯定将会消失。

如今，北极发生的事情似乎越来越可能在全球各地产生影响。北极变暖可能已经影响了中纬度地区的气候形态。格陵兰冰盖的融化对海平面上升的影响将越来越大。随着永久性冻土融化，它可能开始向大气层释放二氧化碳和甲烷，这将进一步加剧气候变暖。

马克很想知道在 20 世纪 80 年代初他研究过的那两个小冰帽的遗迹能否在

下一个夏天还在。科学家被训练成怀疑论者，但对于这些北极的研究者来说，这里显然正在发生一场彻底的变革。马克的两个冰帽只是这个故事的一小部分。事实上，问题不再是北极地区是否在变暖，而在于变化的剧烈程度，以及这些变化对整个地球意味着什么。

空气污染或增加城市犯罪率

李楠 / 编译

众所周知，空气污染对人类健康有巨大的影响，这方面的报道也是屡见不鲜。人体如果长时间暴露于高浓度的空气污染物中，患上呼吸道感染、心脏病、中风、肺癌以及阿尔茨海默症的风险就会增加。但是越来越多的证据表明空气污染不仅影响我们的健康，还影响我们的行为。

火力发电厂排放的污染物进入大气

20 世纪 70 年代，为了消除对车辆尾气排放可能导致行为异常、学习困难和儿童智商低下等问题的担忧，美国开始使用无铅汽油。铅对人体的伤害尤其是在儿童时期最为严重，摄入过多的铅可能令他们更加暴躁易怒，具有攻击性，而且影响智力发育，这些都很可能增加犯罪行为的发生。汽油脱铅举措可能推动了20 世纪 90 年代暴力犯罪率的大幅下降（56%）。

统计数据表明，在上海，短期暴露于严重污染的（尤其是二氧化硫浓度超标）

空气中，会增加患精神障碍的住院风险。在洛杉矶，尽管影响青少年犯罪的主要因素是父母和子女之间的不良关系，以及来自父母的社交和精神压力，但是也有研究显示，较高浓度的颗粒物污染也会增加城市社区青少年的犯罪行为。

人体长期暴露于被污染的空气中会导致大脑发炎。此外，细颗粒物对脑部的发育是有害的，因为它会损害大脑和神经网络，并影响人们的行为举止。

犯罪行为

迄今有众多证据表明空气污染有可能增加不良行为的发生率，特别是在年轻人当中。而更重要的是，一项在美国 9360 个城镇进行的空气污染与犯罪的相关性研究表明，空气污染可能会增加犯罪率。污浊的空气会让人变得更加焦虑，从而增加了犯罪或不道德行为发生的可能性。该研究结果表明，空气污染程度较重的城市，其城市犯罪率也会较高。

来自英国的一项研究成果也佐证了这一观点，科研人员对比了两年中伦敦市区和病房的污染数据与 180 万条犯罪数据，分析因子包括一周内几天或者不同季节的温度、湿度和降雨量等。空气质量指数（AQI）可以显示每天的空气清洁或污染情况。研究人员发现，AQI 每上升 10 个百分点，犯罪率随之提高 0.9％。因此，在伦敦污染最为严重的时期，犯罪率也较高。该研究还发现，空气污染对伦敦富人区和贫民区的犯罪率影响趋势是一致的。

关联分析显示，伦敦的空气污染变得严重就会间接导致商店偷盗和扒窃等轻微犯罪行为的增加。但值得注意的是，研究人员并没有发现空气污染对恶性犯罪事件（如谋杀、强奸或殴打等）的发生率有显著影响。

压力因素

空气质量较差的环境会增加应激激素皮质醇的分泌，这可能会影响到人类对于风险的认知程度。为什么当空气被污染时，犯罪活动会增加，其中一个原因就是风险承担水平提高了。所以研究人员认为，减少空气污染可以间接减少罪案的发生。

而其他社会和环境因素也可能影响人们的行为。破烂的窗户和街道上肆意的涂鸦，类似的环境问题可能会引发社会和道德混乱。"破窗理论"认为，秩序混乱和轻微犯罪会导致进一步的混乱和犯罪行为，从而导致这种行为的蔓延。

空气污染对健康和环境的影响已经远远超乎了我们的想象。然而，许多国家的空气污染仍然很严重。根据世界卫生组织的数据，全世界有 90% 的人呼吸着有害的空气。

我们还不清楚空气污染物对于人类健康和行为的影响机制，以及影响程度是否因性别、年龄、阶层、收入和地理位置的不同而发生变化，因此还需要更加强有力的证据来确定空气污染程度与行为类型增加之间的联系。但是我们已经有足够的证据表明，恶劣的空气对我们的身心健康都是不利的。国家和地方政府必须采取协调一致的行动，通过发展可持续运输、高效可再生能源生产和废物管理来解决这一问题。

联合国的"呼吸生命运动"正在向传统的城市生活方式发起挑战。这个活动倡导大家在一个月内把汽车留在家里，使用替代交通工具，累计里程要不少于一个马拉松（42 千米）的距离。通过这样的努力，每个人都可以发挥自身的作用来提高空气质量，呼吸清新的空气，并从中增强体质、愉悦身心和奉献社会。

城市森林的价值

杨岭楠 / 编译

全球的大型城市正在纷纷崛起，目前能容纳上千万人口的城市已高达 47 个。全球超过一半的人口都居住在城市，这些城市占据了地球表面 3% 的面积。生态足迹的蔓延态势可谓迅猛，然而城市居民生活的改善空间依然还很广阔。

就城市的自然空间而言，树木是生态系统的基础物种，它为居民带来了数不胜数的好处。纽约州立大学环境科学与林学院的提奥多·英卓尼教授（Theodore Endreny）率团队对城市地区尤其是大型城市里平均每棵树的实际价值和影响进行了计算。树木最常见的效用主要体现在净化水和空气，减少洪水泛滥，改善建筑的能源利用，以及调和气候的变化。以一种直观的视角来看，每投资 1 美元植树造林，城市每年可平均收益 2.25 美元。

树木价值的测量

在研究团队中，美国农业部林务局的大卫·诺瓦克（David Nowak）博士和戴维树木研究所的斯科特·马克（Scott Maco）博士带头研发了用于计算树木价值的软件"i-Tree"。

这些工具会模拟出树木和其在生态系统的效用之间的关系，比如树木对食物、清洁空气和水、气候、传粉、休闲和降噪的影响。目前"i-Tree"软件还没有对其他更多的影响进行模拟，所以研究人员的计算结果仍然趋于保守，树木的价值应该还没有完全显现出来。

"i-Tree"软件可以模拟出一棵树的结构，包括高度、树冠大小和叶片覆盖面积，这几个因素都会影响树的实际功效。软件会评估树木在具体社区内减少雨水泛滥、改善空气质量或者改善建筑的能源利用等方面发挥的作用。软件也可以由使用者自行计算自己社区内所有树木的价值。

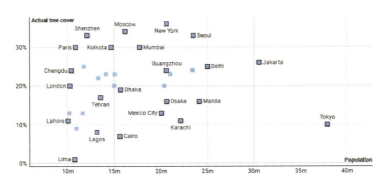

大型城市森林覆盖率统计图表。纽约市中心森林覆盖率达到 36%，在大型城市中尤为突出

研究团队对 35 个大型城市做了系统的航拍调查，发现城市中心的平均森林覆盖率可达 20%。但是也因城市而异，比如秘鲁的首都利马森林覆盖率仅为 1%，而纽约市的森林覆盖率高达 36%。

研究人员想探究树木在远离自然的生活密集区到底发挥了多大价值。并且，研究人员还想计算出大型城市中未来树木栽植的潜在数量，从而改善人们的生活质量。

树木密度与城市的关系

研究团队对全世界 10 个大城市进行了深入研究，其中不乏北京、开罗、墨西哥城、洛杉矶和伦敦这些典型的大城市。10 个大城市分布于 5 个大洲，代表了不同的生存环境。开罗是其中最迷你的城市，面积为 1171 平方千米，而东京面积大到惊人，为 18720 平方千米。

对于大多数城市，研究人员利用谷歌地图的航空影像随机选取 500 个定点，然后就树冠覆盖面、草地、灌木等进行分类。

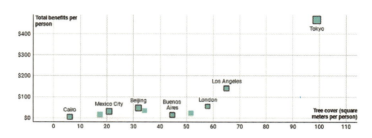

树木节省的成本：在对 10 个大城市进行研究后，研究团队发现每平方千米树木覆盖面积可以为城市居民平均节省 83 美元。图表中点的大小代表城市人口规模。所有金额以美元为单位计算。树木节省的费用由购买力平价来衡量，作为不同国家之间的对比依据（数据来源：2017 生态模型）

研究计算出树木覆盖面积对节省城市成本影响巨大。每平方千米树木节省空气污染造成的健康维护成本 93 万美元，节省水流失保护成本 2 万美元，节省建筑能源供暖和制冷成本 47.8 万美元。

大型城市中树木年均吸收二氧化碳价值达 790 万美元。每平方千米树木平均可节省 1.7 万美元。利用"社会碳价值"方法计算，二氧化碳的吸收量价值高达 2.42 亿美元。

综合上述所有收益，大型城市树木年均可节省 5.05 亿美元经费，平摊到每平方千米的树木覆盖区域其价值为 96.7 万美元。

城市森林关乎每一个人

一片城市中的森林可造福于生活的各个方面。这 10 座大型城市依然有树木增植的潜力，平均可增植面积达 18%。增植区域可以是行人步道两旁、停车区域和广场。树冠可以延伸、覆盖人类活动区域，而树干可以置于避免妨碍人类活动的空间。

在城市的森林里，人人皆可参与。城市和区域规划管理者可以将城市森林和城市规划融合在一起，而每位在任者可以将其作为社区发展的长远规划，鼓励和支持积极参与树木种植和保护的社团。

对于个人而言，也可以养植盆栽灌木。它们虽然不及树木高大，也能发挥同样好的功能。如果想在自家周围种树，可以借助研究团队自主研发的i-Tree软件，帮助你选择合适的树木类型和位置。另外，也可以向当地树艺专家或林务员寻求帮助。

每年春季，不同国家都会不约而同地号召公民广泛参与植树活动，可能是在植树日、植树周或植树月，政府对植树造林的重视可见一斑。美国的森林覆盖率可达国土面积的三分之一，这与罗斯福总统当年的大力倡导是分不开的。他于1933年签署了一则行政命令，投入1000万美元用于"紧急保护工作"，随即启动了"民间资源保护队"的招募，号召大量无所事事的待业男性加入保护队，到各州植树造林、兴建公园，改善自然环境。保护队的工作产生了深远的影响，当年他们共植树30亿棵，在大平原周围形成了防沙屏障，兴建了711座州立公园，还包括闻名遐迩的大峡谷、黄石国家公园和大提顿国家公园。

我国植树节定于每年3月12日，发起之初是为纪念孙中山先生逝世三周年。中华人民共和国成立后，于1979年正式确定每年的这一天为植树节。我国植树传统历来有之，行道树的概念最早可追溯至1400多年前，时任雍州（西魏长安及其附近地区）刺史的韦孝宽为改善计算官道里程的土台易损的缺陷，将每处土台一律改种一棵槐树，之后全国开始推广沿用此法。此后历代政府也大力推行植树，除槐树以外，柳对、松树、柏树、桑树、桂花树、榆树、梧桐都是备受人们青睐的品种。植树节是重视环境的一种象征，更重要的是这种深植人心的自然理念。在城市空间内，我们能做的还很多。

气候模型预测：未来四年，全球将会"异常温暖"

张玥 / 编译

　　未来四年，全球将会变得异常温暖——温度升高甚至会高于全球气候变化规律的影响。这是 2018 年英国南安普顿大学海洋物理学副教授佛罗莱恩·塞威莱克（Florian Sévellec）与其同事塞布壬·芮浩特（Sybren Drijfhout）发布的研究结果。

　　他们开发了一项名为 PROCAST 的气候预测系统，用于预测气候系统的自然可变性。也就是说，全球气候每几年就会自然地由温暖期变为寒冷期。他们研究的是全球气候的自然变化，这有别于人为造成的全球变暖长期趋势。根据 PROCAST 系统的预测，在 2018 年之后的几年里，地球将会进入温暖期。

　　这项发布在《自然·通讯》上的研究结果具有较为重要的意义，因为此类预测可以帮助科学家更好地提前预报热浪或寒潮。众所周知，异常的气候事件会对人类社会产生直接影响。例如，热浪的侵袭会导致人们患病甚至死亡。在 2003 年袭击欧洲的一场热浪中，英国的干旱导致其小麦产量下降了 12%。

　　同时，严寒也会对人类造成打击。它会让呼吸道感染的现象更为恶化，造成医疗卫生服务体系和药品供给的压力。流感疫苗的消耗在很大程度上取决于天气情况。据估算，2010 年，英国冬天的漫天大雪造成该国每天经济损失达 6.9 亿英镑，天然气消耗大幅增加。因此，如果能够提前一个季度预测这些极端天气情况，提前进行准备，并提出具有成本效益的减灾方案，显得颇为必要。

　　目前在理解和模拟气候系统方面，科学家已经取得一些重大研究突破，然而这些成果尚未转化成逐年预测气候的能力。他们认为，导致这种问题的根源在于气候系统的确定性混沌——这种理论随着"蝴蝶效应"理论的兴起而为大众所接受。"蝴蝶效应"认为，即便是当前气候预测中最微小的错误，也可能会产生巨大的后果。

探索年度预测

　　尽管困难重重，但大型研究机构和国家气象部门也开始直面挑战，研究如何准确预测年度气候变化。全球各个课题组和研究机构的研究核心都是在自主研发先进的气候模型，以预测未来的天气情况。但作者指出，不幸的是，这些气候模型都不够完美，因此我们仍旧无法提前几年对天气状况进行高效预测。

PROCAST 在这种情况下应运而生。该课题组成员并不单纯依赖于一个气候模型——他们利用第五次耦合模式比较计划（CMIP5），将一系列不同的气候模型结合在一起。PROCAST 可以基于已完成且可免费获得的模型基础，在训练下快速建模。

这种系统有两个明显优势：首先，它不再依赖于单一甚至可能存在偏差的模型；其次，它极大地提升了预测速度——此前需要使用一台超级计算机花费一整周的时间才能完成的预测，如今只需要一台笔记本在百分之一秒的时间内就可以完成。

为了确保预测的准确性和可信度，塞威莱克和芮浩特进行了一系列的后向预测（或追算）。他们发现该系统不仅准确（能够预测未来实际发生的情况），而且可信度较高（平均来讲，该系统并没有预测任何没有发生的事情）。

预测未来

塞威莱克和芮浩特的研究显示，除了全球气候变化所带来的升温效应，自然可变性也会引发一段异常温暖的时期，2018 年温度会升高 0.02℃，2018—2019 年温度会升高 0.03℃，2018—2022 年温度则将会平均升高 0.01℃。

这些数据差异看起来似乎微不足道，但实际上从强度上来看，自然变暖甚至可以与过去 100 年间平均每年所经历的全球变暖典型速度相比（在过去 100 年，全球气温升高 1℃，差不多相当于每年 0.01℃）。

作者也指出，该方法的重点不仅在于其可以预测给定值，还能给出概率预测。这意味着 2018—2022 年更可能是温暖年份，而非寒冷期。该研究显示，在 2019 年和 2020 年，全球异常变暖的可能性是 64%。此外，PROCAST 预测在 2019—2023 年，出现极端寒冷年份的可能性会相对减少。

气候变暖与森林火灾关联几何？

李立 / 编译

2018 年美国爆发的多次森林火灾

2018 年夏季，北半球熊熊燃起的森林大火再次引发全球关注。

2018 年 7 月 28 日，美国加州发生严重森林火灾。大火持续肆虐数日，吞噬森林与房屋无数，成千上万动物流离失所，人员伤亡也很惨重。 但是扑灭大火就耗费数十亿美元，更不要说造成的直接经济损失。火灾产生的烟雾绵延数百甚至数千千米，对空气质量和能见度带来极大影响。科学家指出，气候变迁虽非这些山火的唯一起因，却是重要的原因之一。

然而，在大多数森林火灾的新闻报道中，气候变迁因素都极少被提及。原因在于，森林火灾由来已久，人们要如何证明某次火灾爆发是由气候因素所致？

的确，全球气候变暖并不是森林火灾的直接起因，火灾导火索一般无外乎于一些人为因素，如烟头未灭、篝火未尽等，或是一些天灾如雷暴及闪电引起。即便如此，气象学家认为，全球气候变暖为森林火灾提供了必要条件，极大增加了火灾发生的风险。

另外，每一次火灾的形成原因各不相同，归因也由此变得复杂。最好的研究方法还是从基础科学的角度，如物理学的角度去进行研究。

逐渐加剧的全球变暖

要了解全球变暖与森林火灾之间的关系，首先需要审视人类居住的星球究竟发生了怎样的变化。

随着人类活动的增加，大气的构成已悄然发生变化：相较于 19 世纪，大气中二氧化碳的含量已增加了 4 成之多，罪魁祸首正是大量化石燃料的消耗。另外，甲烷、一氧化二氮等其他温室效应气体的释放也因人类的活动逐年增加，其增长速度早已与《巴黎协议》的期望背道而驰。

地球能量的失衡

大气中的温室气体宛如一层薄毯将地球覆盖，阻断了红外辐射的释放，使得地球吸收的热量无法再释放至太空中。随着温室气体的增多，大部分热量堆积在大气中。这些热量导致气温上升，冰川融化，冻土解冻，水循环加速。

若用数字来衡量这一热量的话，相当于地球每平方米增加了 1 瓦的热量，整个地球约 500 太瓦（1 太瓦 = 10^{12} 瓦）。

虽然与系统的自然能量流（240 瓦 / 平方米）相比，这个数据看似很小，但是与其他人类活动的直接影响相比，这一因素已经不容小觑。要知道美国一年的发电量也不过 0.46 太瓦。

因此，热量的增加是一项重要指标，哪里热量多，哪里就容易出问题。

地球能量失衡的影响

地球上增加的 9 成热量最终会汇集到海洋，热量增多意味着海平面的上升。

多余的热量还会在冰层中积聚，导致北极海冰融化，格陵兰岛和南极洲的冰川缩小。这样一来，海洋的水量增加，海平面也因此上升，上涨速度达每年 3 毫米以上，100 年即可上涨 30 厘米。

在陆地上，这种热量失衡会因水的存在而复杂化。一旦有水，热量就会导致水的蒸发和干旱的发生，水汽的增加导致了暴风雨的发生。暴雨时下时停，热量不至快速累积，但若遇干旱，情况便大不一样。一个地区一旦进入长时间的干旱期，热量会持续累积，大气和陆地变得干燥，气温升高。20 世纪 70 年代的流行歌曲说"美丽的南加州从不下雨"，而在现实中，这样的干旱少雨带来的后果不堪设想。

水是地球的天然空调。没有水，过多的热量就会聚集在地表，导致气温上升，植物枯萎。当热浪滚滚袭来，森林火灾也就在所难免。这也是为什么森林火灾频频在高温少雨的地区发生，如美国西部和地中海沿岸。回看近年来的案例，美国

加州火灾卫星图，可见干旱区域和被烧毁的植被

西部、葡萄牙、西班牙、希腊等地区便时常传出火灾的消息。

除此之外，森林大火还会伴随着一些特殊气候现象的发生，如高压反气旋停滞，甚至是拉尼娜现象或厄尔尼诺现象的发生。由于这些特殊现象并不总在一个地方停留，干旱和火灾发生的地点也就逐年变动，让人措手不及。

那么，热量失衡对陆地到底有多大影响？举例说明，地表以 1 瓦 / 平方米的速率持续累积能量一个月，便能在一小时内以 720 瓦 / 平方米的速率释放能量。720 瓦相当于一台小型微波炉的功率。1 平方米约 10 平方英尺，这就是说，地球热量每累积一个月，每平方英尺就有一台小型微波炉全功率工作 6 分钟，引发火灾也就不足为奇了。

对森林火灾的科学归因

回到全球变暖与森林火灾的问题，以上数据足以表明全球气候变暖对地球能量失衡带来的巨大影响。

我们知道，土壤中富含水分，所以植物的根系在彻底枯萎之前，会先汲取土壤中的水分来延续生命。那么从植物开始缺水，到森林火灾的爆发，中间至少需要两个月的时间。在寻常日子里，这些细小的能量失衡会因气候的变化而变得微不足道，但若干旱持续达一个月以上，地表的平均温度直线上升，森林火灾的风险便急剧增加。

气象学家常说，"我们不能将所有的问题都归因于气候变迁"，全球气候变暖对气候变化的影响也的确没有想象中那么大。森林火灾也是同理，并不能单单归因于气候变暖。然而反过来我们却可以说，没有全球气候变暖，人类的生活环境不会像现在这样，如此极端的事件也就不会频频发生。

通过对这些森林火灾的反思，已有更多的人意识到地球能量失衡问题，新的科学研究也有望促进人类对全球气候的理解，也为未来做好准备。

生物甲烷如何帮助天然气成为再生能源

张玥 / 编译

    生物甲烷具有能耗低、适应面广等特点，在生物能源和生物环保中具有巨大的应用前景。此前，澳大利亚公布的减少温室气体排放的工作报告并没有得到广泛赞同。但是在澳大利亚南昆士兰大学副教授、首席科学家伯纳黛特·麦克凯布（Bernadette McCabe）看来，在能源领域的快速变革期，仍有不少机会将其推上正轨。她指出，风能和太阳能等可再生能源发电的普及对于减排已经起到重要作用，天然气也仍有提升空间。

    麦克凯布于 2018 年撰文对此进行了分析。她指出，天然气的使用占澳大利亚能源供应总量的近四分之一。约有 13 万项商务依赖天然气，44% 的家用能源来自天然气，超过 650 万户家庭使用天然气来采暖、烹饪或烧水。

    与绝大多数能源相比，天然气的温室气体排放较低，而且天然气发电的排放量仅为当前电网的一半。此外，天然气还可以通过其他方式帮助澳大利亚达到碳减排目标。

    澳大利亚的管道与天然气协会、石油生产勘探协会、能源网络等机构于 2017 年 3 月联合发布了一份名为《天然气愿景 2050》（*The Gas Vision 2050*）的行业文件，该文件解释了生物甲烷、氢等新技术如何通过低排放能源替代传统天然气来实现这一目标。

放眼全球

    从全球来看，可再生天然气主要来自生物甲烷。该能源可以来自有机物，也可以来自农业、食品生产和废物处理的残渣。

    生物甲烷产量较多的国家包括德国、英国、瑞典、法国和美国，还有不少国家正计划扩展可再生天然气的使用。一份 2017 年的报告显示，到 2050 年可再生天然气可以满足欧洲 76% 的天然气需求。

什么是生物甲烷？

麦克凯布在文中解释道，生物甲烷是生物气体的清洁形式，其中98%都是甲烷。它也被称作绿色天然气，可以与传统的化石燃料天然气交替使用。

生物气体中有约60%是甲烷，40%是二氧化碳，还有少量杂质。将生物气体变为生物甲烷，需要用到二氧化碳剔除技术。

她总结了生物甲烷的优势在于：

- 零排放；
- 与现有天然气可以交替使用；
- 能够从其他处理过程中捕获甲烷排放，例如垃圾填埋和肥料制造；
- 为地区发展带来经济潜力；
- 创造生物气体和生物甲烷工厂的规划、工程、运营和维修等工作岗位。

生物甲烷的应用潜力

生物甲烷的生产可以极大地推动尚处于襁褓中的生物气体行业。以澳大利亚为例，澳大利亚生物气体的主要用途是电力生产、供暖以及热电联产。麦克凯布指出，澳大利亚生物气体行业拥有240余家厌氧消化（AD）工厂，其中绝大多数与垃圾填埋天然气发电和城市废水处理相关。其中还包括：

- 约20个农业AD厂，使用猪舍粪肥；
- 约18个工业AD厂，使用来自红肉处理的废水，作为生物气体生产的原料。

同时，饲养场还有约100万头牛的粪肥，这些粪肥目前并不用于生产生物气体，主要堆存在农场上用作肥料。

麦克凯布倡导读者拓宽思路，生物甲烷的生产制造还可能来源于几块尚未开发的处女地，包括城市污水污泥、红肉处理废料、啤酒厂和酿酒厂的残渣、食物废渣以及家禽和牛类粪肥。

澳大利亚可再生能源局正在支持澳大利亚生物质生物能源（ABBA）项目。澳大利亚可再生能源绘制基础设施（AREMI）平台将根据ABBA项目，绘制现有和规划中的生物质资源数据，并参考其他因素进行规划，如现有网络与运输基础设施、土地使用能力以及人口数据。

当然，生物甲烷只是澳大利亚未来向低排放转型所作努力的一个方面。天然气已被认定为走向低碳经济的一种"过渡性燃料"，有了这些新技术的辅助，现有的天然气基础设施在未来仍可以继续使用。

核聚变——人类未来的清洁能源

王雷 / 编译

核聚变能够在一定条件下（如超高温和高压），通过氢和氦等轻元素的结合释放出巨大的能量。这是一种核反应的方式，在宇宙中核聚变可以作为恒星的能量来源。如果核聚变能够在地球上被人为控制，它可以产生取之不尽的清洁能源。核聚变可以以海水为主要原料，没有温室气体的排放和放射性物质的扩散，也没有发生灾难性事故的风险。

众所周知，今天的核电站主要利用核裂变技术进行发电，将重金属元素（如铀、钍和钚）的原子核分裂成更轻的原子核。该过程中使用的重金属元素具有不稳定性，可以自发裂变，导致放射性废物的污染。

那么，为什么我们不使用安全而清洁的核聚变能源呢？尽管在核聚变研究方面取得了重大进展，但是现有技术仍然很难达到其反应所需的条件。如果科学家能够创造出解锁核聚变能量的机器，也许在将来核聚变会被广泛应用。

核聚变过程

与核裂变不同，原子核不会自发地进行聚变。原子核是带正电的，必须克服巨大的排斥力才能够相互接近。在宇宙中，恒星核心的温度和密度足以使原子核克服相互之间的排斥力，通过量子隧道效应进行聚变。在实验室中，量子隧道效率太低，因此只能通过加热燃料核来克服排斥力，其温度一般能够达到太阳中心温度的6~7倍。

即使是最简单的聚变反应（例如氢的同位素氘与氚结合形成氦和高能中子）也需要达到约 1.2 亿摄氏度的温度。在这样的极端温度下，电子会摆脱原子核的束缚，形成等离子体。等离子体在一个足够长的时间内发生核聚变并不是一件容易的事，在实验室中，科学家往往通过强磁场产生的环形磁瓶来捕获等离子体。

目前，等离子体实验已经取得部分进展，例如欧洲联合圆环（Joint European Torus）可以将等离子体限制在核聚变反应所需的温度，但是这仍然存在局限性：等离子体密度和能量限制时间（等离子体冷却时间的量度）太低而不能使等离子体自发地发生核聚变。即便如此，今天的等离子实验在温度、等离子体密度和限制时间方面的聚变性能也比 40 年前提高了 1000 倍。

核聚变领域正在变革

目前，科学家正在法国南部的卡达拉什（Cadarache）建造世界上第一个国际热核聚变实验反应堆（ITER），继续探索等离子体实验。ITER 拥有能容纳等离子体的巨大容器、困住它的强大超导磁体以及对其进行加热的精密粒子加速器和微波发生器。

ITER 成本超过 200 亿美元，由 7 个国家或国际组织资助完成，是目前世界上最大的科学项目之一。该项目在工程和物理方面的挑战是巨大的，目前已将建设任务分配到全球的数百家公司。不过，此项工作的复杂性导致了时间上的延迟和成本的增加。ITER 预计将在 2020 年产生"第一束等离子体"，而等离子体实验要到 2027 年才开始。

ITER 的目标是证实核聚变产生的能量可以提供清洁能源，最终适用于商业发电。目前，第一批原型发电厂将在 21 世纪 30 年代建成，并预计产生约 1 千兆瓦的电力。同时，发电厂的成本也低于 ITER，产生的经济效益将是巨大的，而且对环境的影响很小。

虽然目前核聚变技术存在很大的挑战，但其回报无疑将是更

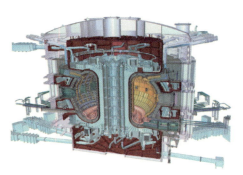

ITER 的剖面图

为巨大的。而我们所要做的就是让核聚变真正地发挥作用，为人类提供源源不断的清洁能源。

气候变化正逐渐影响航班飞行

牟庆璇 / 编译

2018 年夏天，美国西南部机场因炎热的天气被迫取消数十个商业航班，这种航班取消的现象是一个警告信号。除了海平面上升淹没城市和气候模式转变导致农业产量长期下降等后果，气候变化已开始影响商用飞机的起飞性能，由此导致航空公司成本增加。

现有的不同国家和全球运输系统及其相关的经济活动均针对气候进行了优化：机器被设计在相同的温度范围内运行，物流计划参考历史天气模式，沿海土地开发基于已知的洪水区。在航空领域，机场和飞机针对历史上经历的天气条件来进行设计。由于气候正在发生变化，机场和航空运输等关键经济部门的基础设施甚至也可能需要重新设计。

科学家越来越关注气候变化和极端天气对世界各地人类社会和自然生态系统的影响，有研究结果表明气候变暖正逐渐影响全球航班。由于日益普遍的高温，从纽约到迪拜或者到曼谷的主要机场，将在未来几十年内出现更频繁的起飞重量限制。

天气影响航班

有充分证据表明，高温和沿海洪水等极端事件的发生频率和强度都比几十年前更高。如果在未来几十年内未能显著降低温室气体排放量，那么这些极端事件的频率和强度预计会急剧增加。

气候变化对航空业的影响可能会更加普遍。许多机场建在海边，随着海平面的上升，它们面临更频繁的洪水泛滥的风险。由于高空风越来越强，某些地区的空气湍流频率和强度可能会增加。强风将迫使航空公司和飞行员改变航班长度和航线，这会增加燃油消耗。

2018 年 7 月菲尼克斯航班取消的部分原因是高温，因为航空公司的操作手册中没有包含温度高于 48℃ 的信息，这么高的温度在历史上极其少见。这也说明航空公司应该更新操作手册和程序以适应气候变暖。

高温飞行

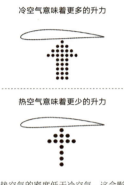

冷空气意味着更多的升力

热空气意味着更少的升力

热空气的密度低于冷空气，这会影响飞机可以产生的升力

高温会影响飞机飞行的物理特性，也就是说飞机起飞性能会在炎热的天气中受损。飞机机翼产生的升力受空气密度的影响。空气密度又主要取决于空气温度和海拔，较高的温度和海拔都会降低空气密度。

空气密度越低，飞机起飞时的速度就要越快，以产生足够的升力。因此，需要更长的跑道来达到更高的速度。根据目前机场跑道的长度，一些飞机可能在达到足够的速度之前有冲出跑道的风险。当发生这种情况时，唯一的直接选择是通过减少乘客、行李和货物来降低飞机的重量，以降低其所需的起飞速度。这被称为重量限制（weight restriction）。

现在许多城市的航空公司出现了重量限制，尤其是在菲尼克斯和迪拜等热门地区，以及一些短跑道机场，如纽约拉瓜迪亚机场和华盛顿里根国家机场等。这种现象在未来可能会变得更加普遍。

几十年来，全球气温一直在稳步上升。有证据表明，一些地区的最热温度比平均值增加得更快。高温将降低空气密度，这使得中午时间的航班需要更多的重量限制，而且重量限制的频率预计会增加。在某些地方，部分航班实施重量限制的天数可能会增加 1~3 倍，每年可能会覆盖 50 天或更多时间。

经济学思考

在大多数受影响的航班上，虽然必须卸载以满足起飞条件的货物、乘客和燃料的数量通常很小，占总负荷的 0.5%~4%，但这也意味着飞机上付费乘客人数和运载货物会减少。当这些限制在全球航空运输系统中增加时，成本可能会很高。

仅仅是减少百分之几的乘客或货物，就会使航空公司在多年的运营中损失数百万美元的收入。这导致即使很小的重量限制也会成为这个竞争激烈和极度优化的行业的关注焦点。这些限制可能不成比例地影响长途飞行，因为航班需要大量的燃料负荷，并且经常在接近其最高负重时起飞。

航空公司可以通过多种方式降低不断增加的重量限制所带来的影响。最可行的办法是将一些航班重新安排到当天较冷的时段。但是空中交通量不断增加，许多机场已经接近满载运行，这种办法可能很难成功。

另一个潜在的解决方案是建造更长的跑道，但也存在限制因素，比如一些机场（如拉瓜迪亚机场）位于海岸线或建筑密集的城市附近。即使较长的跑道在技术上是可行的，但购买土地和扩建机场的费用可能非常高，而且不被法律允许。

飞机可以针对起飞性能进行优化，但重新设计飞机的花费也很高，可能需要很长的时间。制造商一直致力于制造更轻、更省油的飞机。在未来，这些提高飞机效率的措施可能至多使其保持现在的性能。

更广泛的意义

航空业面临的变化仅仅是为了适应不断变化的气候而需要调整无数程序、流程和设备要求的一个例子。即便是这些改变能够成功，也要付出很多的时间和金钱。

包括航空业在内的许多经济部门尚未认真考虑气候变化的影响。但是，应对气候变化越早越好：机场建设和飞机设计都需要数十年的时间，并且会产生持久的影响。最新的飞机可能可以飞行 40~50 年，现在正在设计它们的替代品。尽早理解气候变化带来的影响，就可以实现更有效和更低成本的改变。这些调整甚至可能通过创新方法大幅减少温室气体排放，这将有助于减少气候变化问题，同时也对整个航空产业有益。

气候变化：科学命题、政治承诺和全球行动

王雷 / 编译

编者按：

　　气候变化已经引起了国际社会的普遍关注。2018 年 12 月 15 日，第 24 届联合国气候变化大会（COP24）在波兰卡托维兹闭幕，会议通过了《巴黎协定》的实施细则。《巴黎协定》签署于 2015 年巴黎气候变化大会，其主要目标是将本世纪全球平均气温上升幅度控制在 2℃以内。同样，2018 年的诺贝尔经济学奖授予了耶鲁大学经济学教授威廉·诺德豪斯（William D.Nordhaus），其获奖理由是将气候变化整合进了长期的宏观经济分析中，创立了经济学的重要分支——气候变化经济学。

　　为什么世界越来越关注气候变化？气候变化是人类必须要面对的全球性问题，也是关乎现代社会进步与发展的重要问题，泛指地区性或全球性天气模式的改变，主要包括温度或湿度的改变、极端天气（干旱或洪涝）的出现、全球气候变暖或酸雨等现象。

气候变化的证据

　　1988 年成立的政府间气候变化专门委员会（IPCC）主要应对潜在的全球气候变化问题，对气候变化科学知识的现状，气候变化对社会、经济的潜在影响以及如何适应和减缓气候变化的可能对策进行评估。IPCC 发布的综合报告指出了6 个主要的气候变化证据。

　　（1）自工业革命以来，大气中二氧化碳和其他温室气体不断增加。

　　（2）大气测量实验发现，大气中存在的温室气体会吸收并释放热量。

　　（3）过去的一个世纪，全球气温上升 0.85℃，海平面上升 20 厘米。

　　（4）科学家分析了太阳黑子和火山爆发等自然事件对全球气候的影响，尽管这些自然事件对过去 150 年的温度变化模式至关重要，但它们仍然无法解释全球气候整体变暖的趋势。

（5）地球气候系统发生了重大变化：北半球降雪量减少、北极海冰和各大洲冰川面积锐减、永久冻土覆盖面积缩小以及活动层深度增加。

（6）全球的天气模式发生重大改变，极端天气事件逐年增加。降水（降雨和降雪）模式发生了变化：北美和南美、欧洲、北亚和中亚的部分地区变得更加潮湿，而非洲中部和南部、地中海和南亚的萨赫勒地区变得更加干燥；同时，强降雨变得更加频繁，还有特大洪水的发生。

气候变化的证据是明确的，过去100年来全球气温和海平面已显著上升。不断变化的天气模式和极端的气候事件取决于我们排放的温室气体量，这也正是造成全球气候变化的主要原因。

气候变化的原因

温室气体吸收并重新释放地球表面的一些热辐射，从而使对流层（大气贴近地面的最低层）的大气温度升高，造成气候变暖。最重要的温室气体是水蒸气，其次是二氧化碳和甲烷。虽然大气中本身就存在这些气体，但是人类的活动（化石燃料的燃烧、森林砍伐和土地利用）会增加大气中这些气体的浓度。

自然条件下，二氧化碳是由火山、生态系统和海洋的某些自然活动释放出来的，而植物的光合作用和海洋区域（如北大西洋）的碳吸收作用会吸收这些释放的二氧化碳。工业革命以来，人类活动释放了大量的二氧化碳以及其他温室气体，破坏了大气中原本温室气体的平衡状态。科学家通过测量发现，当前大气中温室气体的浓度是地球80万年以来最高的。

此外，气候变化也会受到自然因素（火山爆发、洋流、地球运动轨迹以及太阳活动）的影响。

气候变化的发展趋势

大气中过多的温室气体排放将不可避免地导致气候变暖，而气候系统的复杂性使得这种变暖程度更加难以预测。

IPCC通过气候模型预测，到21世纪末，全球平均地表温度可能会上升2.8~5.4℃。事实上，全球变暖趋势已经愈加明显。例如，1850—2012年，全球平均气温已升高 0.85℃。同时，1901 年以来，海平面已经升高 19 厘米，照此速度，预计到 2100 年海平面将上升 52~98 厘米，对沿海城市、低洼三角洲或小岛屿造成威胁。气候模型预测还表明，到 21 世纪后半叶，北极地区可能在夏末会出现无冰的现象，而且极端降雨和山洪暴发的风险将会增加，威胁生态系统和人类的居住、健康以及安全。

这些气候变化不会在全球范围内同一时间发生，预计南北两极附近的气候变暖速度会更快。降水量的变化也会因地而异，高纬度地区（欧洲、亚洲和北美洲的中北部地区）预计全年平均降水量将增加，而大多数亚热带陆地区域预计会产生干旱危机。此外，物种和生态系统需要相对稳定的气候条件，全球气候变暖会加快物种灭绝的速度。

气候变化的解决方案

首先，减少温室气体排放是一个全球面临的挑战。为了保持全球温度上升幅度在 2℃以内，全球碳排放从 2070 年开始必须是负增长。我们需要大幅度削减化石燃料和其他碳污染，开发廉价、清洁、安全的能源，以避免灾难性的全球变暖。

其次，气候变化是一个全球性问题，需要资金支持来帮助发展中国家减少碳排放，并适应不可避免的气候变化情况。同时，各国应积极投入基础气候科学的研究，科学地认知气候变化，解决全球面临的气候变暖问题。

最后，气候变化是 21 世纪的重大挑战之一，它可能会影响一系列的全球性问题：全球贫困、人口增长、环境退化以及全球安全等。为了应对这些挑战，我们必须改变社会的一些基本规则，采用更加全球化的方法以及可持续发展的策略，制定出完善的解决方案。

不止于鸽族，人类应对濒危物种一视同仁

史聪一 / 编译

狄更斯笔下的城市鸽的
典型形象是这样的：厮混在
垃圾堆里觅食，经常出没于
矮木墩状的废弃桶间。杂交
混种的野鸽生有灰棕相间的
羽翼，让它们看起来多了一
丝慵懒与邋遢；颈部的羽毛
色彩斑驳，显露出某种寒酸

一对"野鸽夫妻"正在交喙

的气质。狄更斯的小说专门描写过伦敦斯皮塔菲尔德广场的野鸽，就是为了让读
者联想起城市里的陋室。

在伦敦当地一处购物中心的入口处，常常回响着游隼的唳声。事实上，游隼
的声音来自录音设备，专门用来驱逐周围的鸽子。在城市里，无论是家养动物，
还是野生动物，通常都被归为社会排斥的对象——除了这些动物，被排斥的还包
括乞丐、醉汉以及狂欢者等同类形象。

更优雅的表亲：粉红鸽

与此同时，其他种类的鸽子同样引发了人们的强烈关注。关于人类保护濒危
物种所该采取的举措，毛里求斯的粉红鸽（pink pigeon）的故事便是一个温暖
人心的例子。在 1975 年，毛里求斯仅存的粉红鸽数量为 10 只；到了 1994 年，
它已被世界自然保护联盟（IUCN）列为极度濒危物种——"可能是世界上最濒
临灭绝的鸟类"。而时至今日，毛里求斯的野生粉红鸽数量已达到了约 400 只。

这类鸽子的特点非常明显，其羽翼呈现粉红色，生活在一个因渡渡鸟（Dodo）
而闻名于世的独特岛屿上，同时它们还拥有一些大名鼎鼎的支持者——其中尤为
著名的便是作家和濒危动物拯救者杰拉尔德·德雷尔（Gerald Durrell）。他本
人于 1976 年捕获了一批野生的粉红鸽，同时开设野外放生计划，并实施栖息地

135

一只静卧的粉红鸽

的密集管理。

正因为如此，粉红鸽的数量与活动范围得到了显著提升，并且当前出现了野外繁殖的年轻鸽群，毛里求斯粉红鸽的困境已然出现转机。而与此同时，它们身披灰色羽翼的表亲——城市鸽仍面临困境，有时依旧被人类视为城市中的乌合之众。

鸟类之喙

正如生态学家克里斯·托马斯（Chris Thomas）所描述的那样：作为地球生物中的传承者，城市鸽是一个很好的例证——因为诸多人士的努力，这些物种正在回到繁衍的正轨之上，并在人们创造的环境中茁壮成长。所有这些物种不仅体现了城市生物的多样性特征，也铸就了一座令人钦佩的动物城邦。尤为重要的是因为栖息于城市中的鼠类、浣熊以及鸽子都与人类如此相似——生活在城市的钢铁森林之内，并以加工食品为食。

对于花费在粉红鸽身上的努力，人类理应毫无怨言。因为其既漂亮又独特——这也是对其进行保护的两项重要标准。但是城市鸽同样值得人们尊重。因此，最大的遗憾莫过于鸽子家族中的其他成员仍处于危险之中。人类也许对这些物种一度司空见惯，然而它们有着和粉红鸽类似的遭遇，却难以享有同样的待遇。

以斑鸠（turtle dove）为例，它与鸽子属于同一科。在英国，斑鸠的数量在不到 20 年的时间里下降了 95% 以上。这种斑鸠曾经是一种在盛夏时节常见于田边的鸟类——在那些最难熬的暑日里，它常常发出嗡嗡的吟叫声，低沉且困顿。此外，这种斑鸠还承载着诗歌与民谣，是莎士比亚笔下十四行诗中的菲尼克斯情人。人们把如此多的精力放在稀有物种上，却没有注意到普通物种正在急剧减少，这是可以理解的。好在值得庆幸的是，斑鸠现在已成为诸多保护计划中的焦点物种。

一对左顾右盼的斑鸠

鸽迷达尔文已经老去

尽管从狄更斯那时起城市鸽便已失势，却还不需要这类保护，因为在当时养鸽子是人们的一种普遍爱好，就连查尔斯·达尔文也曾是此道中人。在达尔文的著作《动物和植物在家养下的变异》（*The Variation of Animals and Plants Under Domestication*）中，在所有的家养类型中，鸽子的体型都较为庞大。

通过在家中建立鸽舍并研究鸽子的繁殖过程，达尔文对如何通过繁殖来遗传鸽子的特性得到了非常宝贵的证据。与常被引用的加拉帕戈斯地雀（Galapagos Island finches）相比，鸽子更有可能成为达尔文进化论中自然选择的缪斯女神。

这个故事给维多利亚时代的鸽迷们增添了一种博学的印象和可敬的风度。而如今时过境迁——养鸽现已成为年迈者迷失在世界里的一种消遣，后者则把鸽棚藏匿于小片空地与后院内。

这些鸟类命运多舛。斑鸠与粉红鸽至少还有机会获得人类的同情，而旅鸽（passenger pigeon）作为北美历史上数量最多的鸟类，却早已在 1914 年灭绝。与此同时，野鸽与人类和自然的抗争仍在继续。它们时常一瘸一拐，被孩子们追赶，被商场经理折磨，甚至被鹈鹕一口吞下。也许我们无法阻止这一切发生，却仍要对野鸽的生存斗志由衷致敬。对于有志于保护濒危物种的人类而言，未来依然任重而道远。

猛犸象的绝迹

李麟辉 / 编译

走近猛犸象

猛犸象（*Mammuthus primigenius*）是一种适应寒冷气候的动物。它们生活在冰川世纪，曾是地球上最大的象，也是在陆地上生存过的最大的哺乳动物之一。较大的草原猛犸象体重可达 12 吨，是现存非洲象的典型体重的 1.5 倍以上。

埃塞克斯郡伊尔福德区发现的长毛猛犸象的头骨和象牙

猛犸象有粗壮的腿，脚生四趾，头大。母象的象牙普遍在 1.5~2 米；公象的象牙平均长达 2.2~2.5 米，个别的可以接近甚至超过 3 米。

猛犸象身披金、红棕、灰褐等色的细密长毛，皮很厚，具有极厚的脂肪层，厚度最大可达 9 厘米。

猛犸象头骨比现代象的短而高。从侧面看，它的肩部是身体的最高点，从背部开始往后陡然下降，脖颈处有一个明显的凹陷，表皮长满了长毛，其形象如同一个驼背的老人。

猛犸象无下门齿，上门齿很长，向上、向外卷曲。臼齿由许多齿板组成，齿板排列紧密，约有 30 片，板与板之间是发达的白垩质层。

1806 年，人们在俄罗斯西伯利亚发现第一具猛犸象尸体。它们绝迹于 3900 年前。2007 年 5 月，在西伯利亚西北部的亚马尔半岛上发现了迄今为止保存最完整的幼年猛犸象化石，除了毛发和趾甲不全，这头象几乎完整无缺。之后，在阿拉斯加和西伯利亚的冻土和冰层里，人们又不止一次发现冷冻的猛犸象尸体。

当猛犸象开始灭绝时，第四季冰河时代已经开始走向终结。冰河时代终结的标志就是全球性气候变暖，曾覆盖北半球大部分地区的冰川急剧消融，人类逐步成为自然的主宰者。

猛犸象灭绝之谜

大约在20万年前，地球上就出现了猛犸象。它们在地球上生活了十几万年之后，横遭灭绝。关于猛犸象灭绝的原因，科学家提出了许多不同的假说，其中最著名的有气候说、环境说、人类猎食说、食物匮乏说、繁衍过慢说和近亲繁殖说等。

——气候说认为气候变化是导致猛犸象灭绝的重要因素。冰期结束，气温上升，随之而来的干旱让极地的生态环境发生了巨大变化，体型庞大的动物于是更敏感地被这种变化所影响。在美洲发现的猛犸象遗骨表明，猛犸象数量下降的时候，正是冰川期结束和地球开始变暖的时期。2万年前气温开始上升，改变了美洲的环境。美国西南部的草地逐渐变为长着稀疏灌木和仙人掌的沙漠，导致猛犸象无法生存而灭绝。

——环境说认为由于猛犸象居无定所，当迁到一个新地方后，对新环境不适应，因而大批死亡，最终走向灭绝之路。

——人类猎食说认为猛犸象的灭绝与人类有关。北美古印第安人对猛犸象的大肆捕杀，才是它们灭绝的直接原因。考古学家在猛犸象骨骼上发现有刀痕，用电子扫描显微镜分析证明，这种刀痕是石制或骨制刀具砍杀所致，而不是猛犸象间互相争斗的结果，更不是挖掘过程中造成的外损。

考古学家也发现史前人类对猛犸象的杀戮遗迹，例如有一些留有刀伤的猛犸象牙和猎捕猛犸象的工具，证实人类会以陷阱或火烧等方式捕捉猛犸象。

——食物匮乏说指出由于环境的改变致使猛犸象喜欢吃的食物在生存的地区大量消失，而开花槌物增多，使猛犸象短时间内无法适应新的环境，又加上食物短缺，雪上加霜，最终走向灭绝之路。

——繁衍过慢说认为猛犸象的繁衍过慢，致使族群数量日益稀少。一头母猛犸象的妊娠期长达 2 年左右，而且通常一胎只生一头小猛犸象。幼象要长到具有繁殖能力的成年象，至少要再等 10 年。因此，猛犸象减少的速度远大于繁殖的速度，种群数量日益减少，最后难逃绝种的命运。

——近亲繁殖说认为近亲繁殖加速了猛犸象的灭绝。2014 年 4 月，一项研究指出，从北海挖掘出的猛犸象化石上的一些不寻常的特征表明，在 1 万年前，近亲繁殖可能加速了猛犸象的灭绝。研究人员对猛犸象颈椎上一块平坦的圆形区域感到惊奇。这意味着其颈骨处曾连着一块小肋骨，这种罕见的异常情况表明猛犸象有其他骨骼问题。如果人出现颈肋骨畸形的情况，90% 的发病者活不到成年——死因并不是颈肋骨本身，而是由此导致的其他发育问题。这种情况通常和染色体异常及癌症有关。

科学家一直对那些已经灭绝多年的生物的命运感到好奇。相比于数千万年前灭绝的恐龙，猛犸象灭绝于近万年前，时间更近，它们完整的 DNA 样本更容易被找到。科学家有可能通过保存在冰层中的 DNA 和组织样本克隆这些灭绝的巨兽，这对于研究地球演变、生物演化及气候变化都有重要意义。

科学传播与大众文化

让科学重新融入到大众文化中

黄森 / 编译

　　你会经常思考天体的运行原理、手机中相机的内部结构或是花朵上花瓣的数量和分布吗？作为普通人，你可能偶尔会思考一些，或者也许你从来没有想过。人们通常将科学视为文化之外的东西——由一群具有天赋的怪人所从事的一项专业工作，而这些对于普通人来说犹如天书。

　　但是，类似于绘画、音乐、戏剧、电影甚至是宗教，科学也是人类文化中的华丽篇章。这些不同的文化元素帮助我们理解我们在宇宙中的位置，审视宇宙并与之进行对话。每个人都可以自由地参与各种文化活动，比如参加一场演出或在餐桌上谈论一场新电影。

　　然而科学被人们描绘成了与艺术和直觉相反的、颇具神秘色彩的东西。其实，科学可以增强我们对周围世界的欣赏水平，是属于全人类的大众文化的一部分。为了参与甚至为科学作出贡献，所有人都应该具备这些"特殊才能"。

　　那么我们该如何改变呢？使用大众文化这个工具，将科学与生活中的事情结合起来或许能够完美地解决这个问题。

大众娱乐中的科学

　　从《雷神》《仙境传说》等重磅电影，到国家地理拍摄的《实际天才：爱因斯坦》电视剧，再到畅销小说《暗物质》，人们愿意花费大量时间观看、阅读这些文化作品，只是因为他们喜欢这样的故事，所以将科学融入到这些文化作品中颇具意义。

　　实际上，科学可以让这些故事更加有趣、吸引人并富有娱乐性。经过科学渲染的好故事能够激发人们与科学之间的对话。

　　阿尔弗雷德·P. 斯隆基金会（Alfred P. Sloan Foundation）资助和开发的含有科学内容的电影《知无涯者》（2015）和《机器人与弗兰克》（2012）就是两个典型的例子。

　　美国科学院成立了科学与娱乐交流中心，帮助娱乐界人士与科学家建立联系，目的是让专家为好莱坞电影提供引人入胜的细节，以增强影片效果。《雷神》《蚁人》《复仇者联盟3：无限战争》等影片均采用了这种方式来增强故事内容。

令人欣喜的是，皮尤研究中心2018年在美国进行的一项调查显示：观众对影片中所包含的科学思想和情景有着正面的积极印象。

非虚构书籍中的科学

但这种工作并非符合所有科学家的口味，有些科学家更愿意参与那些能够更多地控制科学内容的工作。他们经常为一般读者编写非虚构类的科学书籍，但是他们也需要改变。

写作是科学家参与公众活动的重要组成部分，这些书籍很大程度上被那些爱好科学或者能够接受权威学者关于如何思考的建议的人所阅读。科学理应服务于全人类，出版商应该与科学家合作，来扩大出版规模并确保有相应的读者。但目前实施起来比较困难，因为出版商需要冒很大风险，一些真正原创的东西可能在图书提案阶段便夭折。

在非虚构类的科学书架上，很难找到能够让读者把自己作为科学对话的参与者的书籍。因此，让科学对话在普通人之间进行非常重要。在聆听科学对话的同时，读者学到了一些科学思想，并不由自主地参与到科学对话中，这是一种交流思想的有效工具。

近些年来，面向成人读者的图画书日益成熟并迅速流行，斯皮格曼（Spiegelman）的《鼠族：幸存者的故事》、玛赞·莎塔碧（Marjane Satrapi）的《我在伊朗长大》以及埃里森·柏克达（Alison Bechdel）的《快乐家园》是三个典型的案例。相比于文字描述，强大的视觉形式更容易吸引读者参与，可以促使更多的人愿意谈论科学。

但图画书这种叙述工具却很少将非虚构的科学理念传达给一般读者。绝大多数聚焦科学的漫画丛书以"冒险漫画"的形式呈献给年轻的读者。这是一个重要的类型，但是科学的图解读本不能局限于此。目前市面上有一些优秀的成人科学图画书，但它们往往忽视了以科学本身为主的方向，而是将注意力集中在著名科学家的生活上，因此有必要扩大那些可以让公众参与的非虚构类的科学书籍。

让更多的人参与科学

科学越来越多地渗透到我们生活中的方方面面。如果人们仍然固守科学是深奥的、专属于科学家的传统观念，那么我们生活中所有的重要抉择将由少数人决定，其中包括饮用水质量、医疗和能源以及应对气候变化的行动。这使得那些力量强大的"少数人"更容易歪曲一些重要观念，我们应该通过科学研究来了解我们所处的世界。

为了扭转这种现状，公众了解科学研究显得尤为重要。

本土语言在科学传播中意义重大

牟庆璇 / 编译

不可否认，英语是世界上最主要的语言之一，近3.7亿人以英语为母语。科学家在学术期刊上发表文章或者撰写书籍时多使用英语、法语、西班牙语和葡萄牙语等常用语言。对于那些略懂或者一点都不懂英语的数十亿人，要如何改进他们获取科学信息和知识的途径呢？

为了解决这个问题以及其他边缘化因素（如城镇距离和种族排斥等），巴西圣卡塔琳娜州联邦大学遗传学教授安德烈·拉莫斯（Andre Ramos）及其同事创建了"想象项目"（Imagine Project）。

"想象项目"

联合国教科文组织（UNESCO）公布的一份报告称："生活在偏远地区的人们、少数民族和使用少数民族语言的人在获得教育资源方面最处劣势。"在同样的经济背景下，农村孩子上学的概率只有城市孩子的四分之一。让这些人有机会学习和获取科学知识，能够大大推动社会文明化进程。

"想象项目"的目的是将实验室中的科学知识带到农村和原住民部落并与他

们分享。在这个项目中会有竞赛，安德烈团队将优胜者制作的科学视频翻译成多种语言版本，翻译后的语言在视频中作为字幕，视频的内容包括天文学、药理学等不同主题。

这些语言主要包括聪加语（Tsonga）和瓜拉尼语（Guarani）。其中，聪加语主要是生活在莫桑比克、南非、斯威士兰和津巴布韦的人使用，而瓜拉尼语是巴西、巴拉圭、玻利维亚和阿根廷的原住民语言。

如果科学家要正确传达他们所发现的知识，这个方法是十分有效的，因为科学在传播时总要有人听得懂才行。

开放的科学交流

长期以来，公开交流一直被视为科学发展的基本条件。互联网的出现使更多和更开放的交流成为可能：科学家可以在网络期刊上撰写和发表文章，或者录制一段科普视频上传到网络。但是那些不会说英语的科学家，或者对分享内容很感兴趣却不懂英语的普通人要怎么办呢？

几乎所有具有高浏览量和影响力的科学期刊都是英文期刊。为了让研究国际化，它必须用英语表述。因此，除非解决了语言障碍，否则科学无法得到完全的传播或普及。

2013年，安德烈团队推出了"想象项目"。最初，该项目着重于在农村社区开展一系列亲身实践的科学活动，参与这些工作的人主要是科学家、高中学生和教师。随后，安德烈团队在网络上发布葡萄牙语的开放教育资源，并同时发布了英语、西班牙语和法语版本。团队人员不断制作新材料，包括书面内容和纪录片等。

2017年，安德烈团队对项目进行了升级，创建了关于多语种科学普及竞赛的"联合古陆想象项目"（Imagine-PanGea）。项目得到了3个主要从事科学普及工作的组织的支持：非洲公民（African Gong），主要从事非洲联合古陆的科学交流工作；红泡沫（RedPop），主要在拉丁美洲和加勒比地区进行科普工作；巴西科学促进学会（Brazilian Society for the Advancement of Science）。

"联合古陆想象项目"为非洲和拉丁美洲的研究生提供了比赛机会，参赛者以英语、法语、葡萄牙语或西班牙语在 3 分钟内以视频的形式展示研究结果。有 55 名学生报名参加了这个比赛。比赛最终有 3 位获奖者，他们的最佳演讲视频被翻译成多种语言版本，通过上述 3 个科普组织在各大洲得到了广泛传播。

艰难的翻译任务

来自非洲和拉丁美洲不同地区的机构和人员参与了"联合古陆想象项目"。视频的翻译工作需要依赖他们，这并不是一件容易的事。

视频中使用的许多科学术语在所选择的原住民语言中并没有相应的表达。在这种情况下，工作人员用法语、英语、葡萄牙语或西班牙语保留单词。例如，在瓜拉尼语版本的字幕中可以找到葡萄牙语单词。

这次比赛完全是自愿的，几乎没有资金资助。安德烈表示，希望在下一届比赛能够找到赞助商，起码能给获胜者提供物质奖励，如奖牌、奖金或资助他们参加国际科学会议。除此之外，安德烈还表示，他们的团队正在努力为更多的原住民语言寻找新的翻译工作人员。

这是一种全新的科普方式，能够使原住民语言在科学传播中起到重要作用，推动社会的文明化进程。在"想象项目"初期，曾经有批评家称原住民不会对基础科学和分子生物学感兴趣。当然，结果证明这些批评者是大错特错的。

随着"想象项目"的推进，瓜拉尼人对基础科学研究表现出了极大兴趣。同时，巴西圣卡塔琳娜州联邦大学专门推出了本科学位课程，以吸引以拉丁美洲地区为主的国家的学生。

"想象项目"的长期目标是让更多的农村或者原住民部落的人们成为真正的科学家。巴西已经有了先例：安德烈团队的合作者之一乔安娜·蒙杰洛（Joana Mongelo）是第一个获得科学硕士学位的瓜拉尼人。

将知识和交流进行结合，再加上其他一些基本条件，如自由和尊重，就能够加速社会、文化和技术的发展。

听科学家讲 100 年前的故事——1918 年西班牙流感

杨岭楠 / 编译

2018 年是西班牙大流感（1918 年）爆发 100 周年。这次流感肆虐造成大约 5000 万人到 1 亿人死亡，相当于当时世界总人口的 5%，约有 5 亿人被感染。值得注意的是，1918 年流感多发于青壮年，夺去了很多健康成年人的生命，体质更脆弱的儿童和老年人反而得以幸免。有人将这次流感称为史上最严重的流行疾病。

在过去一个世纪里，1918 年流感成了历史学家和科学家研究和猜想的固定课题。他们就流感的起源、传播和影响提出了数不胜数的假设。然而，我们中仍有很多人对它误解重重。对此，美国印第安纳大学的理查德·加德曼（Richard Gunderman）就 10 个认知误区进行了澄清，帮助人们理解过去发生的事情，也有利于未来预防及减缓此类疾病带来的痛苦。

1918 年大流感起源于西班牙？

其实，并没有读者真的相信所谓"西班牙流感"起源于西班牙。

这场流行病之所以得名，是由于第一次世界大战时期时局紧张，各主战国德国、奥地利、法国、英国和美国为了不被敌军利用此事鼓舞士气，所以极力避免感染消息的扩散；而相对而言，西班牙作为中立国无须隐瞒流感的疫情。因此，世人形成一种错误的印象，都认为西班牙是此病的发源地。

事实上，1918 年流感的发源地仍然是争论焦点。虽然有假设认为其源于东亚、欧洲甚至美国堪萨斯州，但这一观点并未形成一致。

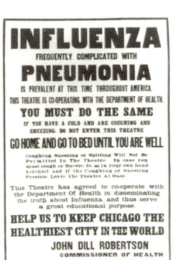

在疫情泛滥期间，芝加哥公共健康海报列出行为守则，指导公众对抗流感

大流感病毒是"超级病毒"?

1918 年流感传播飞速,在开始的 6 个月内即夺走了 2500 万人的生命。流感的迅猛传播引发了大恐慌,人们担忧末日即将到来。这次流感也让人们产生了长久的疑虑,让他们认为流感病毒尤为致命。

然而近期的许多研究显示,这种病毒尽管比其他病毒更为致命,但从本质上来说,1918 年大流感与其他时期的流行疾病并无不同。

死亡率偏高主要应该归咎于军队营帐的密集和城市人口的集中,战时人们营养不良、卫生较差也助长了疫情的扩散。很多患者死于流感引起的细菌性肺炎。

大流感的第一波爆发最为致命?

人们以为 1918 年流感在第一次爆发期间最为致命,但实际情况是前半年的死亡率相对较低。

第二波爆发期,即 10 月至 12 月这段时间,是死亡率最高的区间段。1919 年第三波的致死率比第一波更高,但不及第二波。

科学家现在认为,第二波流感导致死亡率升高是因为当时的条件利于一种更加致命的病毒的传播。症状轻微的患者一般待在家里不外出,但病情严重的患者通常聚集在医院和军队营帐,使得这种更加致命的病毒传播更快。

绝大多数感染大流感病毒的人都无法活命?

事实上正好相反,1918 年大多数感染流感病毒的人都存活了下来,美国全国死亡率不到 20%。

但在不同的人群中,死亡率分布有所差异。在美国,原住民的死亡率尤其高,可能因为原住民过去接触流感病毒较少。在比较极端的情况下,整个地区的原住民全部死亡。

纵观此次流感,20% 的死亡率当然远超普通的流感,因为普通流感的死亡率还不到 1%。

当时的疗法收效甚微?

在 1918 年流感发生时，没有现成的具体抗病毒疗法。时至今日，现实仍然如此，大部分应对流感的医疗手段本质上都是对患者进行支持治疗，而不是彻底治愈。

也有人提出假设，认为很多流感死亡案例实际应归因于阿司匹林中毒。当时的医学权威推荐大剂量使用阿司匹林，每天用量最高可达到 30 克，而现在每日安全用量最多只有 4 克。阿司匹林的高剂量使用可引发很多流感的症状，其中就包括出血。

但是，在世界其他一些地方的死亡率也差不多一样高，而这些地区很难接触到阿司匹林。所以，关于这一假设也存在着争议。

大流感被媒体高度关注?

不难理解公共健康官员、执法官员和政客会对 1918 年流感的严重程度进行低调处理，媒体也会相应地减少曝光率。一方面，政府担心会被敌方乘虚而入大做文章；另一方面，也是出于维护公共秩序、避免产生恐慌的考虑。

但是，官方也有所回应。在流感高峰期，很多城市开始施行隔离检疫。部分地区被迫限制提供治安和火警等基本服务。

大流感改变了"一战"的进程?

大流感自然不可能改变"一战"的结果，因为对峙的双方军队感染程度不相上下。

但反而是"一战"深度影响了流感的发展，这一点很少有人否认。数以千万计的军人的聚集为更具侵略性的流感病毒的传播创造了最佳环境，使病毒迅速传播至全球。

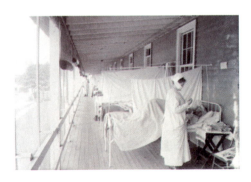

西班牙流感病毒感染者在沃尔特里德军队医院接受治疗

免疫疗法的广泛使用终结了大流感？

现在的人应该了解的是，既然针对流感的免疫接种在 1918 年尚未实施，免疫机制为何能在终结流感的过程中发挥作用。

如果有人以往得过流感，免疫机制会使人体在此次流感中得到些许保护。比如，多年的老兵感染病毒的死亡率要比新兵的死亡率更低。

另外，迅速变异的病毒随着时间的推移会进化成致命性较低的病毒，这可以通过自然选择的模型推断出来。致命性较高的病毒往往会迅速杀死它的寄主，导致它无法像致命性较低的病毒一样容易传播。

大流感病毒基因序列尚未被测出？

2005 年，研究人员宣布成功对 1918 年流感病毒完成基因序列的测定。病毒发现于被掩埋在阿拉斯加冻土中的流感病毒感染者的尸体内，另外在当年感染病毒的美国士兵的体内也发现了病毒样本。

两年后，研究人员发现感染 1918 年流感病毒的猴子也表现出当年的流感症状。研究认为，猴子因免疫系统对病毒反应过度而死亡，这种现象被称为"细胞因子风暴"（也称为高细胞因子症）。它是一种不适当的免疫反应，因为细胞因子与免疫细胞间的正反馈循环而产生，有可能会对身体组织和器官产生严重损伤，甚至导致感染者死亡。科学家认为，1918 年青壮年死亡率高的罪魁祸首正是"细胞因子风暴"，他们的免疫系统发生过度反应，从而夺去了他们的性命。

1918 年大流感对今日没有借鉴意义？

每隔几十年，严重的流感疫情便会爆发一次。专家们相信我们面临的问题不是"是否发生"，而是"何时发生"。

尽管现在已很少有人记得 1918 年大流感，我们仍然能从中吸取教训，比如牢记勤洗手的卫生常识以及借助抗病毒药物来提升免疫力。现在的人们已经了解更多的应对知识，知道如何进行隔离，也能处理好大量病患和死亡的情况。我们也可以用 1918 年还未面世的抗生素来对付二次细菌感染。然而，也许我们还是应该寄希望于改善营养和卫生状况，提高生活水平，使病人更有能力对抗感染。

面对可预知的未来，流感将成为人类每年遭遇的常客。希望我们充分吸取历史上大流感的教训，严阵以待，应对好下一次流感的挑战。

面向未来的博物馆

李楠 / 编译

2018 年的博物馆应该是什么样子？

将"澳大利亚最面向未来的博物馆"作为座右铭的"探索博物馆"（Museum of Discovery，MOD）于 2018 年 5 月 11 日在南澳大利亚大学开馆，其设计宗旨在于努力传达"在 21 世纪重塑观众与文化之间的联结"这一核心理念。它将艺术、科学和技术熔于一炉，致力于吸引 15~25 岁年轻人的兴趣。

植根于科学研究的博物馆

在 MOD 的设计中，工程师们提出了一系列大胆的想法。在一栋二层建筑中容纳了六个画廊和两个工作室，甚至还有一个永久的交互式显示屏，可以展示来自美国国家海洋与大气管理局（NOAA）的行星运行数据。MOD 的核心理念在于突出包括机器人和人工智能在内的最新科技发展对社会文化潜移默化的影响。

克雷丝汀·阿尔福德（Kristin Alford）是 MOD 的前工程师，同时也是一位未来主义情结浓重的导演。在她看来，MOD 不只是要注重内容管理本身，更重要的是利用最新的基础研究成果，为观众提供身临其境般的交互式体验。因此，她的设计团队中汇聚了神经科学家、电影制作人、程序员和用户设计专员。

一个叫作"感受人类"的展览在这方面的表现尤其可圈可点。利用南澳大利亚大学劳里莫尔·莫塞利（Lorimer Moseley）和塔莎·斯丹顿（Tasha Stanton）开发的技术，这场多媒体展览能够让参观者们真实地体会到他们对疼痛的感受如何影响他们对于不舒适度的判断。

博物馆正在改变

博物馆不再仅仅是容纳好奇心的乏味空间。近年来，很多博物馆都推陈出新，将新的展示方法和策略结合起来以增加观众的参与度。在兼顾展出内容的同时，博物馆都在努力寻找新的方式提升知名度和收入。

文化机构正尝试以新的姿态面对未来，同时还要兼顾历史的传承、主题相关性的保持和新闻曝光度的增加。现在人们普遍认为，文化机构必须把"技术宅"类型的游客当作他们的重要受众，将互动和参与融入到他们的展示中。

技术的发展

博物馆的发展与展览技术的进步相辅相成，而这种联系也在不断地重新定义展品与观众之间的关系。

博物馆最早起源于富裕贵族的私人收藏。直到 18 世纪，博物馆才逐渐具有塑造公众价值观及其行为模式的文化影响力。19 世纪，由于实操类游戏和互动性展品的增加，博物馆开始重视展览技术的开发。今天，参观者可以通过按下按钮来自己控制观看展览的节奏。

科技博物馆和科学中心在挑战传统的展览形式方面发挥了重要作用，它们将静态的展品激活，以吸引博物馆的参观者，尤其是小朋友。

"与其展示一个物品，不如传递它背后的设计理念及其应用方式。"澳大利亚堪培拉国家科学技术中心（Questacon）就借鉴了这一方法。

与年轻观众的交流

现在很多博物馆都把能让观众以新的方式发掘和了解展品的特性作为展览的目标，并全力促成交互式和多感官技术的整合。

位于美国马萨诸塞州塞勒姆镇的皮博迪埃塞克斯博物馆在 2018 年聘请了泰迪·阿舍（Tedi Asher）担任馆内的神经学研究专员。她的工作是利用最新的脑科学研究成果搭建一个系统，通过这个系统来提升现场观众的参与程度，并提供更加动人的艺术体验。2018 年 3 月底，泰迪·阿舍在澳大利亚布里斯班介绍了关于新一代博物馆的构想，她向一群文化工作者讲解了如何用生物特征信息来了解观众的行为和心理。这是通过理解观众在参观过程中的多感官信息来完成的，比如追踪他们的视线，观察他们移动的轨迹（比如他们如何穿过展馆内的空间），以及像心率这样的生理数据。阿舍说这是一种新的方式，博物馆能够以此推断展览是否给观众留下了深刻的印象。

即将在 2020 年开放的澳大利亚墨尔本科学美术馆正在探索类似的展出方式。同时，他们还推出了专门针对 15~25 岁青少年的展览。为了能更好地将艺术与科技相融合，墨尔本科学美术馆正与墨尔本大学的微软社会—自然用户界面研究中心就设计和数字拟合方面进行合作，努力为观众提供一种身临其境般的用户体验。

博物馆的多媒体化

今天，很多博物馆已经成为浩瀚的多媒体景观中的一部分，那些提升观众文化体验的技术也反映了这一点。巴西有一个很好的例子，那里大约有 3/4 的人口从未去过博物馆。由于拥有了这些潜在用户，最近他们出版了一份有关圣保罗博物馆藏品的互动指南。该指南将藏品说明与 IBM Watson 的人工智能技术相结合，后者是一种利用人工智能来回答观众艺术品查询问题的超级计算机。

其他机构正在尝试利用生物特征数据来了解游客的需求。例如，荷兰的工业、文化、教育和娱乐创新中心安装了生物识别系统，可以为观众提供更好的个性化体验。

这样做的好处是，数字技术可以促进和加速文化的解读，并吸引新的受众。当然，这样做也带来一些潜在风险：商业媒体平台越来越多地嵌入到博物馆中，商业利益将在对于文化的解释方面发挥更大的影响力。

无论如何，博物馆设计理念的转变反映了这些机构试图摆脱对精英主义的坚持。2018 年，博物馆在强烈地展示其真实的愿望，即重新思考历史、文化和学习的作用，探索如何利用技术改变观众和展品之间的关系。

《复仇者联盟 3》正邪巅峰对决，科学性却遭质疑

张玥 李鑫 / 编译

漫威电影在其第 19 部大片《复仇者联盟 3：无限战争》（以下简称《复联 3》）的正反派催泪对决下引爆全球，让 2018 年 5 月成为全球数亿漫威粉丝的盛大狂欢。在这部巅峰之作中，你会看到迄今为止最庞大的超级英雄组合，也会看到最邪恶的反派角色。

澳大利亚昆士兰科技大学教授迈克尔·米尔福德（Michael Milford）在电影上映后撰文表示，这部电影远超出了人们以往对漫威系列的期待——不仅有动人心弦的紧张对决，而且还会让人在影厅的齐声欢笑中泪流满面。钢铁侠与蜘蛛侠身上的装备技术令人大开眼界；同时，基本上算是漫威史上形象最饱满的反派——灭霸，在片中戏份也很多。

米尔福德和同事以往习惯在《雷神 3：诸神黄昏》《银河护卫队 2》《蜘蛛侠：英雄归来》等漫威电影中探究其中的科学，此次他也在文中为读者解答了《复联 3》里的科学问题。

钢铁侠可怜的脑袋

在《复联 3》中有很多飞行场景，钢铁侠的飞行曾是 2008 年开始的漫威宇宙中最炫酷的场景。

现在，如果推进技术原理及燃料问题可以解决的话，那么钢铁侠身上装备的部分能力似乎是有道理的。但是，有的人会质疑，如何承受像电影里钢铁侠一般加速时的重力，人们还没找到明显的答案，特别是当钢铁侠打开身上装备的涡轮推进模式时。

钢铁侠虽然健壮，但除了胸中的"发动机"，他也只是凡人一枚。他的服装很可能可以阻止腿部受到加速影响而弯曲，但他的大脑却是另一个问题。

理想情况下，战斗机飞行员最多可以在 10gs（磁感应强度单位）的情况下保持清醒，但钢铁侠的加速度是多少呢？

图中的两张静止帧取自相隔 0.21 秒的两幅截图，钢铁侠的加速是从站立式

《复联 3》中的两幅画面截图

一跃飞到约 5 个身长之外（我们把一个身长算作 2 米）的地方。

$$距离 = 0.5 \times a \times t^2$$

其中，a 是加速度，t 是时间。那么，让我们重新排列一下公式得到：

$$a = 2 \times 距离 / t^2$$

$$= 2 \times 5 \times 2 / 0.21^2$$

$$= 453.5 m/s^2$$

$$重力加速度 = （453.5 m/s^2）/（9.81 m/s^2）$$

$$= 46.23 gs$$

这比一名战斗机飞行员能承受的最大值还要多得多！

结论：支撑着钢铁侠不晕过去的，定然是他的自负！

扔颗卫星给你

米尔福德最初以为，《雷神 3》的雷神之锤已经将物理推向学科极限，但《复联 3》又让其再登巅峰。

在其中一个场景中，灭霸将一颗卫星（是的，你没听错，一颗卫星！）拽出正常轨迹，扔到了钢铁侠身上。我们之前看到过扔汽车的、扔卡车的，甚至是扔一整块大陆的，但是在漫威电影里从没见过扔卫星这么霸气的。究竟要怎样才能实现这一点呢？其中一个方法就是立即完全停住它的运行轨道。

月球的动能是来自：

$$E = G \times 地球质量 \times 月亮质量 /（2 \times r）$$

其中，G 是引力常数，r 是月球绕着地球转的轨迹半径。那么重新调整公式可得：

$$E = 6.67 \times 10^{-11} \times 5.8 \times 10^{24} \times 7.4 \times 10^{22} / (2 \times 3.85 \times 10^{8})$$

$$= 3.72 \times 10^{28} \text{ 焦耳}$$

人类史上最大的核弹"沙皇"炸弹释放了约 2.09×10^{17} 焦耳的能量，即便所有能量都可用于减缓运动，但是还差得远。你可能需要通过数百万年的努力将推进器附着在月球上，但灭霸只用了几秒钟。

米尔福德指出，假设灭霸的力量真的如此之强大，那么怎么灭霸到了与美国队长搏斗的时候又显得如此吃力了呢？美国队长毕竟只是个增强版的人类。

结论：灭霸，一会儿是神，一会儿是虫。

有多大可能性会团灭？

《复联3》最终的结局让人始料未及，灭霸决定履行誓言，屠杀掉宇宙中一半的人口，被屠杀者完全随机选取。但让人惊讶的是，电影结尾主角们一个接一个死去，几乎团灭，让影院里的观众不断倒吸凉气。

没有人可以责怪编剧脑洞大开，但也有观众提出疑问，到底这些家喻户晓的复仇者们一起在屠杀中存活下来的概率有多大（尽管《黑豹》为一批新演员开启了一段颇具吸引力的新旅途）。

而且，似乎荧幕上远超过50%的角色在电影高潮时仍然活着，但是在灭霸的净化运动中却遭遇悲惨结局（片尾字幕也不容错过）。

因此，为了帮助大家理清头绪，米尔福德给出了灭霸的50%种族灭绝图表。

图中显示了在随机挑选50%的人口净化的情况下，电影结尾20名荧幕明星死亡概率的可能性分布。最可能的结果是，约有50%的主角会死去。但如果你向左看，你会发现该概率有所下降，有可能约有25%的主角会死去，另一边则是至多有75%的死亡率。

结论：貌似较为合理。

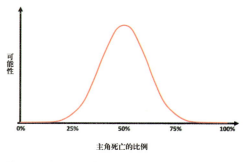

该图显示了在50%死亡率的情况下，20个主角死亡比例的可能性

米尔福德的结论

《复联3》是漫威的一部规模宏大的电影，而且在很多方面也是极具戏剧性的。长剧情与角色定位也都为此服务，意味着这部电影所发生的（令人难以置信的）故事都更为吸引观众。

与以往任何一部漫威电影相比，此次电影的动作场面更加宏大，而且制作也更为精良，电影结尾扣人心弦，直到最后一刻。

有些冒险的是，动作与史诗级场景意味着漫威系列进一步远离"传统的"科学现实。尽管如此，米尔福德最后也表示，应该原谅这部让人无比投入、无比享受的电影中的科学瑕疵。

为何虚假信息能在社交媒体中迅速传播？

牟庆璇 / 编译

社交媒体是美国乃至世界各地公众获得新闻的主要来源之一。然而，用户会接触到一些虚假信息，包括阴谋论、标题党（clickbait）、伪科学（pseudo-science），甚至捏造的"假新闻"（fake news）。

出现这么多的虚假信息并不奇怪，垃圾邮件和网络欺诈对于犯罪分子来说是有利可图的。但是，低信誉内容如此简单和迅速地传播表明，社交媒体平台背后的人或者算法容易受到操纵。

乔凡尼·卢卡·钱帕格利亚（Giovanni Luca Ciampaglia）是印第安纳大学网络科学研究所助理研究员，菲利普·门采尔（Filippo Menczer）是印第安纳大学计算机科学与信息学教授，同时他还是复杂网络和系统研究中心主任。他们的研究发现存在三种误差，能够使社交媒体生态系统有意或无意地受到错误信息的影响。同时，印第安纳大学社交媒体观察站（Observatory on Social Media）正在开发新的互联网工具，帮助人们意识到这些漏洞并保护自己免受外部的恶意攻击。

大脑中的偏差

认知偏差源自大脑处理每天遇到的信息的方式。大脑只能处理有限数量的信息，而过多的传入刺激可能会导致信息过载，这会对大脑在处理社交媒体信息时的信息质量判定产生严重的影响。对于用户有限的关注而言，激烈的竞争意味着即使人们更喜欢分享高质量的内容，一些质量低下的信息也会钻空子快速传播。

为了避免这种情况，大脑会有应对技巧。这些方法通常是有效的，但也可能在错误的背景下产生误差。当一个人决定是否在社交媒体上分享某个故事时，大脑会产生一种认知捷径。虽然一篇文章的标题不能很好地表示其准确性，但标题情感内涵对人们的影响很大，文章的作者则会产生更大的影响。

为了应对这种认知偏差，帮助人们在分享之前更多地关注信息来源，乔凡尼和菲利普团队开发了"辨假"（Fakey）应用程序。它是一款模拟典型社交媒

体新闻的游戏，给用户推送来自主流新闻和低信誉来源的文章，用户经过筛选，通过分享可靠来源的新闻、标记可疑内容并进行事实核查来获取积分，这可以提高用户的新闻素养。在这个过程中，他们学会识别信息来源的可信度，比如不同党派的主张和情感丰富的新闻头条。

"辨假"软件的部分截图

社会环境因素

社会是偏差的另一个来源。当人们与同龄人直接交往时，引导他们选择朋友的社会偏见会影响他们看到的信息。

乔凡尼和菲利普团队的研究结果显示，通过简单地查看其朋友的党派偏好就可以确定推特（Twitter）用户的政治倾向。他们通过对党派传播网络结构进行分析发现，当社交网络紧密联系在一起并与社会其他部分脱节时，不论信息准确与否，它的传播速度都很快。

不管是有意还是无意，如果信息来自人们自己的社交圈，那么对信息的评估

都是可以操作的。例如，在多党派竞争中，如果有好友一直在耳边宣传某一党派的优势，此人势必会受到影响。这也解释了为什么如此多的网络对话最终转变为不同群体的对抗。

为了研究在线社交网络的结构如何使用户容易受到虚假信息的影响，乔凡尼和菲利普团队制作了胡克西（Hoaxy）——一个可以跟踪低信誉信息的传播途径并将此传播过程可视化的系统。他们使用该系统对2016年美国总统选举期间收集的数据进行分析，发现分享错误信息的推特账户几乎完全与事实核查员所做的修正切断联系。

在深入了解传播错误信息的账户时，研究发现这些账户属于同一个核心账户组，他们之间相互转发的频率非常

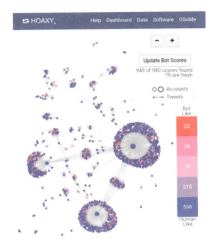

胡克西搜索屏幕截图显示了僵尸账号（红色和深粉色）在推特上传播虚假信息

密集，甚至有一些账号是电脑操作的。而仅仅在质疑其合法性或与他们的主张相反时，这些账号才会引用或者提及事实核查组织。

算法造成的偏差

第三组偏差直接产生于社交媒体的算法。无论是社交媒体平台还是搜索引擎都会使用这些算法。这些个性化技术的目的是为每个用户选择最吸引人的相关内容，但这样做最终可能会强化用户的认知和社会偏差，从而使他们更容易被操纵。

例如，许多社交媒体平台内置了详细的广告工具，传播虚假信息的人们可以利用它对信息进行修改，并推送给那些已倾向于相信虚假信息的用户。

此外，如果用户经常从脸书（Facebook）点击某个特定来源的新闻链接，脸书将更频繁地向该用户展示该网站的内容。这种所谓的"过滤泡沫"（filter bubble）效应可能会将人们从不同的角度隔离开来，从而强化确认偏差。

乔凡尼和菲利普的研究结果表明，与维基百科（Wikipedia）这样的非社交媒体网站相比，社交媒体平台让用户接触到的资源更少。因为这是在整个平台的

水平上，而不是针对单个用户，可以称之为"均匀性偏差"。

社交媒体的另一个重要组成部分是通过点击量确定平台上正在流行的信息。研究还发现，如果某种算法的目的是促进流行内容，它可能会对平台上信息的总体质量产生负面影响，这种可以称之为"流行偏差"。这会助长现有的认知偏差，强化不论质量如何只要受欢迎就可以的风气。

所有这些算法偏差都可以被社交机器人操纵。社交机器人是指通过社交媒体账户与人类互动的计算机程序。大多数社交机器人，比如推特上的"大本钟"（Big Ben），都是无害的。但是，有人隐瞒了他们的真实意图，将其用于恶意的目的，例如通过互相转发促进虚假信息的传播。

为了研究这些操作策略，乔凡尼和菲利普团队开发了一种检测社交机器人的工具，称为宝通计量（Botometer）。它可以查看推特账户的不同特征（比如发帖时间、频率以及互相关注的账户等），通过机器学习来检测账户信息。虽然它现在还不完美，但已经检测到有多达 15% 的推特账户是社交机器人。

在 2016 年美国总统竞选期间，通过将胡克西和宝通计量结合使用，乔凡尼团队分析出了错误信息传播网络的核心。这些机器人会给易受攻击的用户提供虚假的声明和错误的信息。首先，它们在推特上通过候选人的标签或提及转发该候选人，以此来吸引支持该候选人的用户的注意力。然后，机器人可以夸大虚假声明，通过转发来自低可信度来源的、与某些关键词相匹配的文章诽谤对手。

乔凡尼和菲利普团队制作的互联网工具为用户提供了许多用于辨别虚假信息的方法，在一定程度上保护了人们免受伤害。许多研究表明，个人、机构甚至整个社会都可以在社交媒体上被操纵，仍有许多问题有待解决。重要的一点是要发现这些不同的偏差是如何相互作用的，这可能会造成更复杂的漏洞。解决方案不会仅仅是技术上的，还必须考虑到认知和社会方面存在的问题。

科幻作品是公众与科学之间绝妙的媒介

张玥 / 编译

2017 年 8 月，116 名机器人和人工智能领域领袖人物签署公开信，敦促联合国阻止致命自动化武器所带来的负面影响。这使得人们想起了"杀手机器人"，因为大众媒体往往将致命自动化武器与科幻作品中的杀手机器人联系起来，比如说《终结者》系列以及《机械战警》。

2017 年也是 1991 年经典科幻作品《终结者 2：审判日》3D 版上映之年，詹姆斯库克大学文学与社会学系博士生克里斯托弗·孟纳德（Christopher Menadue）撰文评论，一旦有任何致命自动化武器的讨论，很可能还是会用这部原版电影中的杀手机器人形象。

但这并不是一件坏事。

2016 年的研究显示，《终结者》可以让人们更好地参与到杀手机器人在全球崛起并扩张的国际政策的制定当中。加入科幻的元素并没有"妖魔化"科学研究，而且会让社会讨论更聚焦于现实世界的问题。

在 2018 年的一篇研究论文中，孟纳德和同事发现，研究人员正在利用科幻作品为来自各界的广大公众的参与建立共同基础，特别是在科学教育、科学传播和研究领域。对科学教育和传播推

在电影《别让我走》中，露丝、凯西和汤米是人还是备件？

广领域来讲，科幻作品看起来是一个绝妙的媒介，因为它会让人们从人文主义的角度理解具有挑战性的新科学话题。

2005 年，石黑一雄的科幻作品《别让我走》（Never Let Me Go）讲述了富有的精英们克隆出一批儿童，只为了让这些孩子成为他们的活体器官捐献者。这种科幻作品中的拟人化描绘，能够让人真正感受到这一问题所带来的恐惧。

1982 年，基于菲利普·狄克小说《机器人会梦到电子羊吗？》改编的电影《银翼杀手》（Blade Runner），让我们不断思考和质疑到底何为人类。

有研究者甚至提出，我们对于智能机器人的着迷和恐惧来自我们认为自己发

现了一种新的"上帝"。孟纳德指出，我们的科学疑问可以基于未来现实、小说，甚至是信仰。

科幻作品同时也用于教育实践。例如艾萨克·阿西莫夫（Isaac Asimov）的小说集《机械公敌》，帮助新科学家提升科技写作技能，又或是促成一门设计教育的课程。奇幻小说类则被用于鼓励学龄儿童在天文学上的参与，例如 C.S. 刘易斯（C.S. Lewis）的《纳尼亚传奇》、J.K. 罗琳（J.K. Rowling）的《哈利·波特》系列丛书以及 J.R.R. 托尔金（J.R.R. Tolkien）的《魔戒》。

当科幻作品成为支持教育、推动公民参与、用于倡导推广的工具时，我们不必羞于借助科幻与奇幻作品的受欢迎度与普及性。

科学家与科幻作品

在 20 世纪 20 年代末，当科幻作品成为平民杂志的主要内容时，科幻作品的人气开始暴涨。从很早期开始，有些作者就开始追求乌托邦理想和人类更好的未来，这也是科学的意义所在。

多年来，也有很多科学家加入到创作科幻作品的队伍中来，包括阿西莫夫、亚瑟·克拉克（Arthur C. Clarke）、弗雷德·霍伊尔（Fred Hoyle）、杰弗里·兰迪斯（Geoffrey Landis）和卡尔·萨根（Carl Sagan）。

时至今日，科幻作者也一般都拥有科学背景。比如科幻作家特德·姜（Ted Chiang）的作品是一系列思维实验，为重大的科学问题提供人文视角。他的科幻作品基于自然科学，但却简单易懂，成功地将《你一生的故事》改编为电影《降临》推上了大荧幕，是近年来科幻电影中较为重理性的作品，也是评论家和观影者评分最高的电影之一。

科幻小说和科幻电影都十分受大众喜爱，从 20 世纪五六十年代以年轻男性受众为主，逐渐成为今日广受大众喜爱的作品。孟纳德在 2015—2016 年开展的科幻作品消费者调查的数据显示，科幻作品消费者中有 54% 是女性，消费者来自各个年龄层。

科幻作品的消费者已经可以代表大部分公众的特性，而且他们对科学非常感兴趣。因此，科研人员有大量的机会可以与更广泛的公众分享他们的工作。

如今，科幻作品已经成为解释科研工作的绝佳工具，NASA 现在正在帮助科幻作家和电影制片人完成他们的作品，例如威廉姆·佛斯琛（William Forstchen）的《一柱擎天》，以及 2013 年的两部电影《木卫二报告》和《地心引力》。

在《火星救援》中，马克·沃特尼（Mark Watney）的确获得了一些来自 NASA 的帮助

NASA 同时也为《火星救援》的制作人提供了一些技术建议，确保电影对很多技术细节的描述是真实的。这显示了 NASA 充分意识到科幻作品可以激发人们对于科学的兴趣，而且也有人提出，科幻作品可以影响人类科学事业发展的方向。

可能有一天，科幻作品已经无法再激发人们的想象，但至少现在科幻作品为研究人员和公众提供的参与机会是无与伦比的。

图像：科学传播的新方式

王雷／编译

编者按：

图像在我们的日常生活中随处可见，已成为大众文化生活中不可或缺的一部分。如今，图像已经成为一种新的科学传播方式，为科学知识的传播提供了新视角。为了挖掘图像更深层次的力量，澳大利亚南澳大学（University of South Australia）面向所有学生和教职工开展了一项年度科研图像比赛。本文主要选择了 7 张美丽而又富含科学知识的图像进行介绍，为公众传递每张图像背后的科学故事。

在进入决赛的 18 张图像中，第一张图像是伊利·穆尔（Eli Moore）的《血凝块》。它获得了 2018 年度图像科研竞赛一等奖，揭示了由心血管疾病引起的血凝块现象。第二张图像是扬·瓦尔加（Jan Varga）的《澳大利亚地质学之旅，

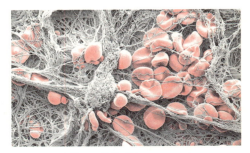

《血凝块》——伊利·穆尔（Eli Moore）

《澳大利亚地质学之旅，进入一个绝妙的未来》——扬·瓦尔加（Jan Varga）

《虚拟演员》——科林纳·迪·尼罗（Corinna Di Niro）

进入一个绝妙的未来》，获得了竞赛二等奖。

瓦尔加解释道，图像左下方附近的棕色裂纹以及略微倾斜的浮雕颗粒代表的是矿物蓝晶岩石，它讲述了一个关于时间和岩石形成的重要故事。事实上，这块岩石的年龄达到了 17.8 亿年。它经历了大约 3.8 亿年前的高温高压，形成了爱丽斯泉（Alice Springs）山脉带。

最终入围的 18 张图像作品反映的内容包括一些社会焦点、健康忧虑以及大众关心的议题。更重要的是，这些作品的提供者并不都是科学研究人员，这对于公众参与社会文化建设具有重要意义。例如，第三张图像《虚拟演员》提出了一个问题：只有一个观众，还是有更多的观众处在黑暗之中？

一种幸福的清晰度

图像在通信领域的重要性不言而喻，此外图像也是符号学领域不可或缺的重要手段。20 世纪 50 年代后期，法国理论家罗兰·巴尔特（Roland Barthes）提出，图像能够将复杂的想法和细节提炼成"一种幸福的清晰度"，创造出在世界范围内通俗易懂的语言形式。

现代语言学之父费尔迪南·德·索绪尔（Ferdinand de Saussure）和人类学家克洛德·列维－斯特劳斯（Claude Lévi-Strauss）在符号学领域作出了重

要贡献，他们通过符号以及相互关联的概念来研究社会状况。

对于符号学家来说，符号是由两种元素组成的，即物理元素（你可以看到的图像）和心理元素（图像促使你思考或感觉的东西）。这两种元素是每个符号或图像的一部分，它们的共同作用使得每个符号或图形表达出更深层次的意义。例如，本次竞赛的第四张图像《隔代指导》探索了儿童和痴呆症患者共度美好时光所带来的社会效益。

伪装的意识形态

巴尔特对图像的主要研究是探索 20 世纪 50 年代消费主义和民族主义的政治基础，特别是杂志封面和摄影中相互关联的事物。巴尔特认为，图像产生的思想被大众广泛接受和熟悉，以至于图像被认为是伪装的意识形态。

科学技术的每一次进步都增加了我们对于图像的视觉词汇，基于图像的表达不再是单纯的数字语言，手机用户可以使用基本的指示符或表情符号。例如，第五张图像《脐带》代表了当今社会逐渐被大众所接受的一种意识形态（或问题）——堕胎。

《隔代指导》——阿什利·史密斯（Ashleigh Smith）

《脐带》——纳迪姆·纳扎尔（Nadeem Nazaar）

图像是社交媒体的货币

图像也是社交媒体的货币，已经广见于各类社交媒体，并发挥着重要作用。例如，色拉布（Snapchat）的短暂图像、精心的自拍照片以及明星模特的性感形象等。图像同样是新闻业的重要组成部分，遍布娱乐业和新闻媒体。将图像的所有这些用途联系起来，能够快速、简洁地传达出复杂的想法、细节和情感。

　　每个知识领域都有自己独特而复杂的词汇，这会阻止或延迟一些研究成果转化为大众普遍接受的新东西。对于科研人员来说，在研究领域恰当地利用图像是非常重要的。例如，第六张图像《毛茸茸的蠕虫》向大众清晰地传递了发育中的小鼠胚胎表皮细胞的形态特征，第七张图像《微通道中的蝴蝶》揭示了液体如何在微小通道中流动。

　　图像可以提供一种通用语言，同时为研究领域的知识提供新视角。通过这种方式，图像可以缩小研究人员与公众之间的距离，使研究人员与公众直接接触，促进科学知识的广泛传播。

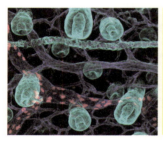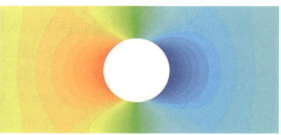

《毛茸茸的蠕虫》——吉纳维耶夫·塞克（Genevieve Secker）　　　　《微通道中的蝴蝶》——莫艾因·卡沙尼（Moein Kashani）

话题 VI

科学小品

儿童和青少年应不应该举重？

柳丹 / 编译

众所周知，锻炼是健康生活的一个重要组成部分。大多数人也认同孩子应该多做些锻炼。然而有一项研究发现，父母一般会支持孩子从事有氧运动，例如跑步等体育运动，但是对力量练习则持有较多的负面看法。

实际上，父母在这方面是"心有虑而证不足"。

人们通常认为，力量训练就是在健身房里举重，但其实它有各种各样的练习方式，可以只依靠自身体重进行锻炼，也可以结合健身实心球、沙袋、弹性阻力带和健身雪橇等外部器械进行练习。

关于举重，目前主要存在两个误区，即认为举重受伤风险高和影响成长。

误区 1：受伤风险高

直到近几年，有关儿童和青少年因力量训练而受伤的数据才多起来。其实过去也有，但只是几份病例报告和若干小型研究报告提到了因误用力量训练设备而造成重伤的情况。这意味着高受伤率主要出现在竞赛类的青年举重和力量项目中。

1990 年，美国儿科学会（American Academy of Pediatrics）曾提醒说，在生理发育成熟前应该避免进行力量训练。这份报告主要针对举重、力量负重和健美等使用最大负荷和高技术含量的举重项目，而在这之前从未就此对青少年提出过相关建议。

无论如何，"青少年不宜练习举重"的观念已深入人心，公众对力量训练的态度也停留在对它的不信任上。现在我们知道，处于监督下的适度力量训练对儿童和青少年来说其实是一种安全的活动，也是一个促进肌肉健康、身体素质和心理健康的好方法。

事实上，与足球、橄榄球或篮球等受青少年喜爱而家长也喜闻乐见的运动相比，只要操作适当，力量训练的受伤风险要小得多。参加力量训练甚至可以降低儿童运动时受伤的风险。

误区 2：举重影响成长

你或许听说过，力量训练会在一定程度上阻碍孩子的成长。这种说法主要基于一个根深蒂固的观点，即力量训练会损害生长板。

生长板，即人体骨骼的骺板，是位于长骨（如股骨和桡骨）两端骨骺和骨干之间的软骨组织。在一个人达到生理成熟后，这些生长板会变成硬骨。但是在此前的发育阶段，它会不断增生软骨，因此也更容易受到损伤。

其实，生长板损伤的情况十分常见，占到儿童所有骨损伤的 15%~30%。大多数损伤都可以通过治疗而完全恢复，只是在极个别情况下会导致生长异常。

至今尚不清楚，与其他体育活动相比，人们为什么会认为力量训练更有可能伤害生长板，但是这一误区经久不衰。至少有一部分原因似乎是源于一种现象，即举重和体操等项目的优秀运动员的身材普遍都比较矮小。

事实上，个子小的运动员只是更适合从事这些运动项目，正如个子高在篮球项目中是一种优势。因此，我们常会在一些高水平竞赛中看到矮小运动员的身影，而这与大量训练或举重并无关联。

力量训练常常受到非议，而事实上生长板受损的情况更常发生在有组织的体育运动中。大量研究发现，在安全性方面，并无实质证据表明儿童和青少年的力量训练项目会对身体生长造成负面影响，或是会影响最后的成年身高。

儿童和青少年需要进行力量训练吗？

世界卫生组织、美国儿科学会和澳大利亚政府一致认为，肌肉力量的生理活动对青少年的健康至关重要。政府的指导方针也明确建议，5~18 岁的青少年每周应至少 3 天进行强健肌肉和骨骼的活动。

这些建议都是有理有据的，表明了力量训练对人体独有的益处。回顾之前的研究，我们发现强健的孩子一般都有一颗健康的心脏、较低的身体脂肪、强壮的骨骼和更高的自尊。

重要的是，证据似乎还表明，那些参与了各种各样活动的青少年往往是最健康的，他们的运动锻炼不仅针对心脏和肺，还涉及肌肉、关节和骨骼等。所以只要操作恰当，儿童和青少年可以而且应该练习举重。

专家建议，只有当初学者对健身运动达到一定能力级别时，他们才可以开始体重练习和增加负重。如果使用外部负重，应在教练的指导和监督下进行。练习内容也应与个人的年龄和经验水平相符。

但是在 16 岁左右，即在生理成熟之前，仍然不建议进行较多的举重练习。在童年和青春期早期，还是应着眼于发展运动技能和增强肌肉耐力，也就是肌肉反复工作的能力，这是在为将来提升最大力量打好坚实基础，使他们有能力、信心和经验安全地完成举重。

青少年可以先从简单而有效的体重锻炼开始练习，如传统的俯卧撑、下蹲、弓步；还有平板支撑——保持身体与地面平行，将重量放在手或前臂以及脚趾上，来强化核心肌群；熊爬——四肢着地爬行，锻炼整个身体；登山——保持平板支撑的姿势，屈膝到胸部，强化核心肌群；以及模仿超人——俯卧在地板上，手臂放于前方，四肢提起离开地面，加强下背部核心肌肉。

如何保证云盘数据的安全性

牟庆璇 / 编译

百度云、阿里云和腾讯云是目前国内云端服务三巨头，每个公司都宣称不会主动碰触客户数据，但是用户怎样才能保证自己数据的安全性呢？

随着云存储越来越普遍，数据安全性问题日益受到人们的关注。目前，越来越多的公司和学校使用谷歌云端硬盘（Google Drive）服务，许多个人用户也将文件存储在亚马逊云端硬盘（Amazon Drive）和微软网盘同步工具（Microsoft OneDrive）上。不管是企业还是个人，对于存储在云端上数据的安全性都毫不担心。当然，如果这些网络巨头公司能够更加保证云端数据的安全性，那么应该会有更多的用户选择在线存储数据。

云数据是以加密的形式进行存储的，当有黑客想要窃取这些信息时需要破解密码。马里兰大学（University of Maryland）计算机科学与电子工程系助理教授张海滨认为，"云存储服务中加密密钥存在不同之处，用户可以通过相对简单的方式提高自己数据的安全性，甚至超出他们所使用的平台所能提供的范围"。

商业云存储系统使用特定的加密密钥对每个用户的数据进行编码。没有密钥，这些文件看起来就像乱码，而不是有意义的数据。

存储平台掌握密钥

密钥由谁掌控呢？它可以由服务器保存，也可以由个人用户掌管。大多数云端存储平台会保留密钥，这样系统可以查看和处理用户数据。当用户使用密码登录时，信息存储平台也可以访问密钥，解锁数据以便用户使用。这比用户自己保存密钥方便很多。

但是这样会降低安全性：就像普通钥匙一样，如果其他人拥有它们，那么在用户不知情的情况下，这些数据可能会被盗用或者被滥用。而且有些存储平台自身存在安全系统漏洞，导致用户数据易受攻击。

用户掌握密钥

有一些不太流行的云服务平台——比如梅加（Mega）和蜘蛛橡（SpiderOak）等——会要求用户使用具有加密功能的客户端应用程序来上传和下载文件。这个额外的步骤让用户自己保留加密密钥。这样会增加用户信息的安全性，同时也会失去一些功能，例如用户在云存储文件中进行搜索的功能。

就算用户保留密钥，这些云数据存储平台的应用程序也可能被盗用或被破解，从而允许黑客浏览用户的加密文件。具有加密功能的云数据存储服务提供商可能在其特定的应月程序中附带其他插件，使用户在使用时数据易受到攻击。如果用户丢失密码，数据是不可挽回的。

有的手机应用程序宣称可以使手机照片在拍照之后就被加密，通过网络传输存储在云端设备中。其他平台公司也推出类似的应用软件保护其他类型的数据，比如文档和视频等。虽然用户使用这些应用软件可以在图片拍摄之后的几分钟之内进行加密，但是在加密和存储之前，仍然要防止信息被盗用。

保护自己

如果结合这些不同方法的特点，云存储数据的安全性就能够得到最大限度的提高。

用户在将数据上传到云端之前，先使用加密软件对文件进行加密，然后将编码后的文件上传到云端。要再次访问文件时，先登录到存储平台，下载后再解密浏览。

这可能会限制用户使用许多云存储服务，如共享文档的实时编辑和搜索云存储文件等。但是，有一点必须注意的是，如果不这样做的话，云盘上的加密文件可能在下载之前被黑客修改数据。防止这种情况发生的最好方法是使用身份验证的密钥。此方法不仅可以存储加密文件，还可以存储文件自创建以来是否被修改的元数据。

最后，对于那些不想学习如何管理自己文件工具的人，最基本的方法有两个：第一，找值得信赖的公开来源的上传和下载软件，使用独立的通过安全研究人员验证的云存储服务平台；第二，使用可信任的开放源代码的加密软件，在将数据上传到云端之前对其进行加密。这两个方法适用于所有的操作系统，通常是免费的或者只需要花很少的钱就可以使用。

手机如何静悄悄地泄露用户的位置信息？

牟庆璇 / 编译

2018年，美国军方突然爆料称，军人的电子健身器可以储存他们的训练场所的信息——包括全世界的军事基地和各种秘密场所。这类电子设备范围很广，不局限于电子手表及类似设备。美国东北大学（Northeastern University）计算机与信息技术专业教授格瓦拉·努波尔（Guevara Noubir）及其研究伙伴通过研究表明，即使关闭定位服务，手机也可以通过用户逛过的商场和旅行过的城市来获取他们的位置信息。

造成这个漏洞的原因是手机配备的各种传感器，除了全球定位系统（GPS）和通信接口，还有陀螺仪和加速计，它们可以测定手机是直立的或者水平的，还可以测量其他运动参数。手机上的应用程序可以利用这些传感器来获取用户的隐私信息，例如追踪用户在城市街道上的运动数据。

大多数用户都希望关掉手机的位置服务，从而使这种移动监视功能失效。但是，格瓦拉和他的合作伙伴肯·布洛克（Ken Block）等人在研究"旁路攻击"（side-channel attacks）时发现了应用程序避开这些手机权限的方式。格瓦拉团队不仅证明了手机能够通过用户的手指输入方式获取密码，还可以简单到只需要把手机放在口袋里面就能够获取用户的公司数据和导航习惯。

假设攻击

在为设备或软件设计防护系统时，设计师会对其将受到的威胁做出假设。例如，汽车的安全系统是为了使汽车免遭与其他汽车、建筑物、护栏、电线杆以及其他在道路上或道路附近的物体发生碰撞，而不是为了让汽车从悬崖上摔下来或者被巨大石块砸中的时候还能够保证安全。针对这些极端威胁而去设计防御措施是不合算的，因为它们被认为是极其少见的。

同样，设计手机软件和硬件的人也会对黑客的攻击进行假设，这并不意味着手机是安全的。1996 年，密码学家保罗·克歇尔（Paul Kocher）发现了第一次"旁路攻击"，他声称可以通过仔细计算计算机解密—加密信息所需的时间来打破当时流行的和所谓安全的密码系统。密码系统设计者并没有想到攻击者会采取这种方法，所以他们的系统很容易受到攻击。另外，利用计算机处理器设计缺陷漏洞对计算机进行攻击也属于"旁路攻击"的一种，它们能够利用病毒软件窃取计算机内存中其他应用程序的数据。

"悄悄存在"的监控系统

移动设备是"旁路攻击"的完美目标。它们内部布满传感器，通常包括 1 个加速计、1 个陀螺仪、1 个磁力计、1 个气压计、4 个麦克风、1 个或 2 个摄像头、1 个温度计、1 个计步器、1 个光传感器和 1 个湿度传感器。

应用程序可以在不需要用户许可的情况下访问大多数传感器。通过将两台或更多设备的数据相结合，用户、手机设计人员和应用程序创建人员最初没有想到的信息泄露就可能会发生。

格瓦拉团队最近开发了一个应用程序，它可以在无须读取键盘输入的情况下，确定用户在手机屏幕键盘上输入了什么字母，这个应用程序需要结合手机陀螺仪和麦克风的数据信息。

目前，大部分手机中都装有三轴微机械陀螺仪，当用户点击屏幕上的不同位置时，手机本身的旋转方式可以被其测量。此外，在手机屏幕上点击会产生声音，这些声音可以记录在每部手机的多个麦克风上。当点击靠近屏幕中心的位置时，手机不会移动太多，声音可以同时到达两个麦克风中，并且对于所有麦克风来说听起来大致相同。但是，轻击屏幕左下角会使手机左右旋转，声音会更快地到达左侧的麦克风，在屏幕底部附近的麦克风听起来更响，而设备上其他地方的麦克风会更安静。

当把手机旋转数据和声音数据综合处理后，他们就可以确定用户按下了什么按键，而且准确率达到 90％以上。类似功能可以巧妙地添加到任何应用程序中，并且在手机运行时不被用户发现。

获取位置信息

那么，恶意应用程序是如何做到能够准确获取用户的行踪信息，包括他们的生活和工作地点以及旅行路线的呢？

格瓦拉团队对其进行了研究。他们猜想是否可以在不需要用户许可的情况下，只通过传感器就能够获取位置信息。比如，司机所走的路线可以简化成一系列的转弯，每个转弯都有一个特定的方向和一定的角度。应用软件可以利用手机的指南针来观察这个人的旅行方向，用手机的陀螺仪测量用户所走过路线的转角序列，用加速计显示用户是停止前进还是在移动；通过测量一系列的旋转，并把它们串在一起作为一个人的旅行路线，就可以绘制用户的运动地图。

格瓦拉和合作伙伴还开发了一种算法，将这些运动数据与用户所在城市街道的数字化地图相匹配，就可以确定一个人最有可能走的路线。他们还通过合并道路曲线和速度限制信息，缩小范围，进一步改进了这种算法。将算法所得到的路线与实际路线相匹配进行排列列表，在进行实验的大部分城市中，用户所选择的真正路径是列表上的前 10 名的概率超过 50%。进一步细化地图数据、传感器数据和优化算法可以大大提高预测的准确性。这种功能同样可能会被恶意开发者添加到任何应用程序中，在用户不知情的情况下窃取隐私信息。

格瓦拉团队还在继续研究如何利用"旁路攻击"来窃取隐私信息。例如，监测用户在走路时手机的移动方式可能推测出一个人的年龄和性别（男性习惯把手机放在口袋里，女性通常把手机放在钱包里），甚至是健康信息（走路时的稳定程度或者被绊倒的频率）。

现在，人们的生活离不开手机，恶意应用程序有许多方式窃取用户的隐私信息，只有找出它们获取信息的方式，才能够遏制住这种"间谍行为"。

看云识天气

李楠 / 编译

现代天气预报依靠的是复杂的计算机模拟工具。模拟工具利用大气物理模型和数学公式来描述大气层的变化，例如空气运动、太阳辐射以及云和雨的形成等。

技术的革新极大提升了天气预报的准确性，现在对于 5 天后的天气预测与 20 年前对于 3 天后的天气预测在准确率上旗鼓相当。数字上的一小步，实际上是气象科学发展的一大步。

但是对于个人来说，其实并不需要一台超级计算机来随时预测接下来几个小时的天气变化情况。千百年来的生活常识告诉我们，抬头看看天，仔细观察一会儿，结合一些成云理论，你就能知道你会不会成为一只"落汤鸡"。

此外，对云层形成背后的物理学的研究正在逐渐揭示大气的复杂性，这也在一定程度上解释了为什么几天后的天气预测是如此困难和极具挑战性。

在这篇文章中，我们主要介绍 6 种值得留意的云，以及它们如何帮助你预测天气。

积云

积云是白色蓬松的小云朵

当气温冷却到露点温度，空气就不能再容纳所有的水蒸气，此时云就形成了。在这种温度下，水蒸气凝结成水滴状的液态水，这就是我们所说的云。要实现这一过程，潮湿的空气必须处在上升的状态，或者是接触到寒冷的表面。

天气晴朗时，太阳的辐射会使陆地升温，也会使其上方的空气升温。这种热空气通过对流上升而形成积云。这些"晴天的云朵"看起来像一朵朵的棉花。如果天空布满积云，你可能会注意到它们都有平坦的处于同一高度的底部。在这个高度上，从地面上升来的空气已经冷却到露点。积云一般不会导致下雨，它意味着天气晴朗，惠风和畅。

积雨云

小积雨云虽然不会导致降水，但如果你注意到积雨云越来越大，并向大气中延伸，这就表示强降雨即将来临。这在夏天是很常见的，早晨的积云在下午形成了深深的积雨云。

在靠近地面的地方，积雨云很容易被认出，但是到了高处，它们的边缘处逐

一种具有典型砧状的积雨云

渐看起来就很模糊了。这一转变表明，云不再是由水滴构成，而是由冰晶构成。当水滴被风吹出云外时，它们在干燥的环境中迅速蒸发，使云变得非常锐利。另外，云外携附的冰晶不会很快蒸发，从而使云呈现出纤细的外观。

积雨云的顶部往往是平坦的。

在积雨云内部，暖空气通过对流上升。在此过程中，它逐渐冷却，直到与周围的大气温度相同。在这个高度上，空气不再提供浮力，积雨云因此不能继续上升。相反，它会扩散开来，形成一个典型的铁砧形状。

卷云

卷云通常在大气层的高处形成。它们很纤细，完全由在大气中飘落的冰晶组成。如果卷云被风吹着以不同的速度水平移动，它们就会形成一个典型的钩形。只有在高海拔或高纬度地区，卷云才会在近地面引发降雨。

卷云可能标志着阵雨将要来临

但是，如果注意到卷云在天空中逐渐增多，而且越来越厚，那就说明前方是一个较为温暖的区域，暖空气和冷空气在这片区域中相遇。较轻的暖空气受迫在冷空气团中上升，从而形成了云。下部的云层预示着前方在接下来的 12 个小时内会有一段时间的降雨。

层云

层云是一种覆盖天空的低层连续云。一般来说，温和的上升气流或是被柔风带到寒冷陆地或海面的潮湿空气可形成层云。层云很薄，所以往往让天空看起来阴沉沉的，但不太可能带来降雨，顶多只能形成毛毛细雨。层云与雾类似，所以如果你曾经在雾天漫步山林，其实已经有了漫步云端的经历了。

阴沉压抑的层云

荚状云

山脉之上形成的荚状云

最后介绍的两种云对预测天气帮助不大，但是通过观察它们，我们可以真切地感受到大气异常复杂的运动。当空气被吹向山脉上空时，便会形成光滑透镜般的荚状云。

翻过了山，空气就下降至原来的水平高度，伴随着空气变暖和蒸发过程。然而变暖和蒸发有可能会过度，这时气团就会反弹，产生另一朵荚状云，从而形成一个云串，延伸到山脉以外的地方。风与山脉和其他地表特征的相互作用，是利用计算机模拟来准确预测天气必须考虑的众多细节之一。

开尔文—亥姆霍兹浪状云

开尔文—亥姆霍兹浪状云就像在海洋中的小碎波

压轴的开尔文—亥姆霍兹浪状云看起来就像破碎的海浪。当不同高度的气团以不同速度水平移动时，环境就变得不稳定。气团之间的边界开始出现波纹，最终形成更大的波浪。

开尔文—亥姆霍兹浪状云是非常罕见的，因为如果下层气团包含云的话，我们只能在大气层中看到这个过程。云的轨迹连接到断裂的波浪，揭示出我们头顶上不可见的复杂的大气运动。

致癌的不是星巴克，除非它特别烫！

张玥 / 编译

2018 年 4 月 1 日愚人节那天，星巴克没有了往日送咖啡送温暖的欢乐喜气，而是背上了一口"星巴克致癌"的飞来横"锅"。

美国当地时间 2018 年 3 月 28 日，美国加州洛杉矶法官裁定，星巴克等美国几家咖啡公司必须在加州出售的咖啡产品上贴上癌症警告标签。诉讼方称，这些公司所售咖啡中含有高含量的丙烯酰胺，因此应该在每杯咖啡标注上"嘿！喝我致癌哦！"

等等！丙烯酰胺，念都不会念，怎么看起来这么眼熟？是的，它就是在各类健康帖中经常看到的"炸薯条薯片含致癌物"里的主角，是食物被烹饪得"色香味俱全"时产生的一种具有神经毒性的潜在致癌物质。也就是说，你最爱的薯片、牛排、蛋糕、巧克力、面包、黑糖、饼干……都有它或多或少的存在，特别是颜色深的、味道香的。而且，薯片中的含量还是咖啡中的 10 倍。

但是，其实早在 2016 年 6 月，世界卫生组织（WHO）的癌症研究机构就帮咖啡解过一次围：并没有确凿证据显示咖啡会增加癌症风险。这颠覆了 1991 年首次测试咖啡致癌性的结论。彼时，该测试将咖啡划入"可能对人类致癌物"的类别中。但是，为咖啡"沉冤昭雪"的国际癌症研究组织（IARC）同时也发现，喝很烫的热饮很可能会导致食道癌，特别是在南美洲、中东和中国这些爱喝热饮的地方。

证据不足？那就无罪释放

国际癌症研究组织召集了一大批科学家，翻阅已发表的研究，评估这种可增加致癌风险的因素的证据是否充足。

1991 年，得出喝咖啡可能增加膀胱癌风险的结论是基于病例对照研究。这些研究在当时通常用于测试几乎所有可能导致人类癌症的环境因素的研究结论。

例如，病例对照研究包括询问一组癌症患者和一组健康人群，他们 10 年、20 年甚至更早之前喝咖啡的频率。患者和健康人群将会匹配年龄、性别和社会经济身份。

然后，这些问卷的数据就会暗示，喝咖啡是导致膀胱癌的原因之一，但当然，这并不能证明这一点。这种研究如今被认为与前瞻性研究相比并不可信。

前瞻性研究包括，获得大约 50 万人到 100 万人诸如吸烟、饮酒和饮食等习惯的数据。然后对他们进行长达 10 年以上的跟踪调查，有几百人可能会被诊断为患有膀胱癌。他们喝咖啡的习惯和其他数据可能会与更广泛的并未患有膀胱癌的人群数据进行对比。

总体而言，前瞻性研究有时会确认，病例对照研究所得出的致癌因素结论。但是就喝咖啡而言，近期进行的前瞻性研究并没能证明膀胱癌或其他任何器官癌症风险的增加与咖啡的摄入有关。

有些研究甚至表明，咖啡能够降低某些癌症的患病风险，例如肝癌。用国际癌症研究组织的官方语言来讲，咖啡不能被划入致癌物质。

等等，你还喝热饮？那结果就不一样了

1991 年的测试还得出一条结论，那就是喝热的马黛茶（南美洲茶类饮品）可能对人类致癌。它被与食道癌"结了对子"。

有趣的是，在 20 世纪 70 年代早期，人们发现在里海南部（现今伊朗）的不同群体间，食道癌病例数相差百倍。因此人们的假设是，非常烫的热饮可能是造成这一区别的原因。

因此，风险并不是出于饮品的不同种类（马黛茶、咖啡还是别的），而是由于不同饮品之间的冲调和摄入温度。那么，温度是如何造成癌症的呢？

热饮会损伤组织，特别是食道这条长长的管子从咽喉到胃，一杯热饮下肚，味觉是爽了，食道的稚嫩组织却被烫得稀里哗啦。不过，并没有研究证明烫伤人体组织会造成癌症。

但实验数据显示，当组织损伤与致癌物质加在一起，就有可能导致癌症，例如亚硝基化合物。最臭名昭著的亚硝基化合物就是烟草中出现的尼古丁衍生物，特别是对于某些烟草造成的肿瘤而言。其他研究显示，这些化合物也出现在腌肉、培根、熏鱼和啤酒中。

有一系列的案例显示，当患有慢性损伤和发炎的人体暴露于致癌物质之下

时，就会导致癌症的发生。例如，有案例证明，胃癌的原因就是亚硝基化合物和胃肠感染的共同作用。

最新的分类基于一系列实验研究的数据，它评估了喝下特别热（超过 65 摄氏度）的饮料（包括水）的后果，结论是"很可能对人类致癌"。

"很可能致癌"，意味着在考虑了所有已有证据的情况下，有明确迹象表明癌症是由于这种暴露所造成的。同时，数据上的不一致或不够全面也妨碍了研究得出更为决定性的结论。

这种分类也适用于烟草等因素。分类中直接指出，烟草被证明导致人体患有癌症。

我们需要把大量的数据放在一起，才能清楚地指出导致人体患癌的罪魁祸首。通常，当癌症发生率与特定的化学物质联系时，这种明确因素会成为明显的证据，例如在工作场所或是摄入了某种食物或饮料。不过，咖啡还是可以继续放心喝的。

夜猫子早逝的风险比早睡者或高出 10%

柳丹 / 编译

当你醒来时，是精神焕发地用欢呼和活力迎接日出呢，还是由于熬夜而讨厌闹钟的声音？我们将这种固有倾向称之为一个人的"时间类型"，即对一天中某一时段的偏好。与早睡早起的百灵鸟相比，晚睡晚起的夜猫子除会有时间调度上的困难外，他们的健康、幸福和寿命也有可能受到影响。

研究表明，熬夜与一系列的健康问题有关。例如，夜猫子患有肥胖、高血压和心血管疾病的概率更高，也更容易有不健康的行为，如吸烟、酗酒和吸毒等，而且还缺乏运动。更坏的消息是，他们早逝的风险更高。

自身的生物钟

我们的身体有其内部的计时系统，通常称之为生物钟。有研究人员多年前就曾亲身实践过，即使一个人脱离世界，藏在一个黑暗的洞穴里度日，生物钟仍然会持续发挥作用。

研究人员认为，生物钟对我们的健康至关重要，因为它能预测时间，并相应地调度我们的身体。例如，我们通常在晚上睡觉，但其实在入睡之前，身体就已经习惯性地在为我们的睡眠做准备了。同样地，我们通常在白天吃东西，所以我们的身体会在白天对食物和营养进行有效的处理。

2018年公布的一项新研究比较了"夜猫子"和"百灵鸟"的死亡风险。在这项研究中，自第一次研究访问后，研究人员平均会在6.5年后收到受访者的死亡证明书，并以此确定死者的身份。结果发现，夜猫子在这6年半的时间里的死亡风险比百灵鸟要高出10%，而且更容易出现各种健康问题，尤其是抑郁症、糖尿病和神经紊乱等。

英美的夏令时也使夜猫子的健康问题变得更加突出。在转换到夏令时之后，心脏病发病率的上升使研究人员不得不怀疑会有更多的夜猫子陷入危险境地。

为什么夜猫子会有更多的健康问题?

研究人员表示，他们也并不能完全理解为什么会在夜猫子身上发现更多的健康问题。可能是因为晚上醒着的时候，夜猫子有更多的机会去喝酒或吸毒。对一部分人来说，当别人都在睡觉的时候，保持清醒可能会给他们带来孤独感和增加抑郁风险。以上都可能与我们的生物钟有关。

之前有提到，生物钟的一个重要功能是预测某些事情，如日出、睡眠和进食等。理想情况下，我们的行为会与自身的生物钟和环境相匹配。但如果没有呢?研究人员怀疑，从长远来看，生物钟和行为之间的"失调"可能会有害身体健康。

夜猫子如果活在百灵鸟的世界里，这对他们来说无疑是一种折磨。夜猫子的工作可能需要他们早起，又或者是他们的朋友可能想要早点吃晚餐，但他们自己却更喜欢晚点儿起床、吃饭、社交和睡觉等，而这种不匹配就很可能会导致长期的健康问题。

夜猫子对此能做什么呢?

的确,有些人的"时间类型"一半取决于自身的基因,但也并不完全是命中注定的。许多专家认为,有一些行为策略可以帮助夜猫子。例如,逐渐提前就寝时间就可能有助于他们摆脱夜猫子的问题。

循序渐进很重要,因为如果你想在今晚提前 2~3 个小时睡觉,这肯定是行不通的,而且很可能会就此放弃了。而一旦你能早点儿就寝,就让自己尽可能保持一个正常的时间表。还应避免在周末或空闲的时候晚睡,因为如果那样,你就会又回到夜猫子的生活习惯了。此外,合适的光线也会有所帮助,包括在睡觉前不要玩手机或平板电脑等。

一般来说,工作时间的灵活性有助于改善夜猫子的健康状况。如果一个人可以自行安排一天的时间来匹配自身的时间类型,他们的身体状况也会更好。重要的是要让夜猫子了解与自身时间类型相关的风险,并为他们提供如何应对的指导。我们期待未来的研究能确定哪些策略能最有效地降低患病风险,并挖掘原因,改善我们的健康状况。

吃"快"餐,慢怀孕

张玥 / 编译

如果作为一名女性,你不爱吃水果,偏爱吃快餐,那么你可能需要更长的时间才能怀上孕,这是 2018 年 5 月 4 日澳大利亚阿德莱德大学罗宾逊研究所发表在国际顶尖生殖医学杂志《人类生殖》(*Human Reproduction*)上的一项研究的结论。

老爸老妈整日念叨的,或许是对的

该研究调查了共 5598 名澳大利亚、新西兰、英国和爱尔兰女性的饮食习惯。

该研究是由助产士在首次受孕的女性第一次做产前检查时进行的。

该研究的负责人克莱尔·罗伯茨（Claire Roberts）教授表示："研究显示，高质量饮食习惯——多吃水果，尽量减少吃快餐——能够提升生育能力，缩短受孕的时间。"

与在受孕前一个月每天摄入 3 ～ 4 次水果的女性相比，每个月只吃 1~3 次水果的女性受孕的时间要晚半个月。同样，与从不或几乎不吃快餐的女性相比，每周饮食中有 3~4 顿快餐的女性受孕时间几乎要晚一个月。

在调查的所有夫妻中，468 对夫妻（8%）被划分为不能生育（定义为超过一年无法受孕者），2204 对夫妻（9%）在一个月内受孕。当科学家开始研究其中的饮食影响时，他们发现，摄入水果最少的女性的不孕风险由 8% 增至 12%，每周吃超过 4 顿快餐的女性的不孕风险从 8% 增至 16%。

该研究的第一作者杰西卡·格里格（Jessica Grieger）表示："我们建议想要怀孕的女性应该依照国家饮食推荐的标准摄入食物。我们的数据显示，频繁消费快餐会推迟怀孕时间。"

此前的研究倾向于调查饮食对不孕女性或接受生育治疗女性的作用，但并没有研究孕前饮食对一般公众的影响。此次项目的研究对象中，只有 340 名（6%）接受了生育治疗。

在妊娠期 14~16 周的首次产前检查期间，助产士会收集怀孕所需时间及孕妇的饮食习惯，包括她们在怀孕一个月前的饮食，以及食用水果、绿叶蔬菜、鱼和快餐的频率。快餐包括从外卖店或快餐店购买的汉堡、比萨、炸鸡和薯条。在家制作的快餐（比方说从超市购买原材料）并没有被列入收集名单，因此此类食物的消费可能会被低估。同时，由于男性伴侣不孕不育而导致夫妻双方接受生育治疗的案例，不列入此次统计。

格里格表示："绝大多数妇女并没有不孕不育史。我们调整了孕前饮食的关系，考虑到增加不孕不育风险的一些因素，包括过高的体脂指数（BMI）和怀孕年龄、吸烟和饮酒量等。因为饮食是可以修正的因素，我们的研究发现强调了孕前饮食结构的重要性，帮助在备孕的女性缩短受孕时间。"

研究人员也发现，尽管水果与快餐影响受孕时间，但绿叶蔬菜和鱼却与受孕时间没什么关系。

回顾性调查准确性遭质疑

该研究的限制在于，孕前饮食的数据是基于回顾性调查，而且调查的食物范围有限。研究并没有收集丈夫的饮食数据，还可能有其他未知影响存在。研究的主要优势在于其样本量较大。

"对于很多饮食摄入评估来说，人们需要谨慎判断受调查者对饮食摄入的回忆是否准确。然而，鉴于很多女性并不会改变其孕前和孕期的饮食习惯，我们相信这些女性对她们孕前一个月的饮食记忆是准确的，这符合情理。"格里格表示。团队正在继续他们的研究工作，并计划跳出单个食物群，进一步识别出与女性受孕事件有关的具体膳食模式。

对此，墨尔本圣文森特医院执业资深营养师梅乐妮·麦克格里斯（Melanie McGrice）表示："现在每6对夫妻中就有1对难以受孕，很多人都在问，他们要怎样做才能优化生育。已有的重要策略是戒烟和保持健康体重。但是有越来越多的证据显示，营养膳食是夫妻优化生育最重要的策略之一，该项研究支持了这一观点。我希望所有的门诊医生和生育专家都为备孕夫妻推荐一名生育营养师。然而，作为一名生育营养师，我看到越来越多的女性错误地认为要戒掉水果才能怀孕。该研究显示了水果的摄入不仅是安全的，而且对于绝大多数女性的生育优化是有益处的。水果含有丰富的抗氧化物、维生素和植物化学物质，不应被算到糖和软饮那一类里面。"

昆士兰大学资深讲师、澳大利亚医学协会妇产科发言人基诺·皮科拉诺（Gino Pecoraro）表示："这又是一个让想要拥有新家庭成员的女性扔掉快餐、开始健康饮食的好理由。该研究是回顾性的，基于女性对于具体食物的回忆，这显然可能是不准确的。而且它并没有调查丈夫的饮食习惯，但总体而言，该研究支持了绝大多数健康专家的直觉判断。拥有健康的饮食习惯对于想要怀孕的夫妻而言是有好处的。尽管该研究并没有证明绿叶蔬菜或鱼的重要性，但是它表明水果对于受孕似乎也十分重要。"

哈德逊医学研究所研究员吉玛·埃文斯（Jemma Evans）表示："如今很多研究强调孕前和孕期生活习惯对怀孕和婴儿健康的重要性。生活习惯如吸烟、饮酒和饮食等因素明显影响我们的总体健康和生育。该研究支持了对饮食选择的重视，特别是水果的减少和快餐消费的增加与受孕时间和生育密切相关。在这项研究中，女性被要求回忆起孕期检查的 18~20 周前的饮食，然而其回忆不太可能是准确的，这对该研究是有影响的。此外，研究只选取了一部分食物和食物群，但现实生活的饮食结构比之该研究调查的有限食物和食物群更为复杂。有越来越多的证据显示糖对健康有影响，但此次并没有评估糖的摄入。该研究显然更强调孕前饮食对生育和怀孕的影响，同时也为利用每日饮食记录等手段进行更准确的孕前饮食评估研究铺平了道路，让人们可以更全面地理解生活习惯对生育的影响。"

婴儿湿巾会造成宝宝食物过敏吗？

张玥 / 编译

2018 年的一些新闻标题可能会引起家长们的担忧：《婴儿湿巾与食物过敏相关》《研究发现婴儿湿巾会导致食物过敏》和《一项新研究警告：婴儿湿巾会"造成食物过敏"》。

在澳大利亚，每 10 名婴儿就有 1 名食物过敏，儿童中比例则是 1/20。在食物过敏的儿童中，过敏症状有时非常严重，有的儿童不得不为此住院，甚至有些会导致儿童死亡。

但是，如果谈及婴儿湿巾，家长们则可以放宽心使用。尽管 2018 年曾经疯传的新闻标题耸人听闻，但这些报道提到的研究并没有证据显示使用婴儿湿巾会增加儿童发生食物过敏的风险。

事实上，默多克儿童研究所的研究员詹妮弗·科普林（Jennifer Koplin）和梅勒妮·尼兰德（Melanie Neeland）撰文表示，该研究并没有分析或突出婴儿湿巾的作用。而且，该研究是在小鼠身上进行的，并不是人体实验。

研究是如何开展的？

这篇发表在《过敏与临床免疫学杂志》上的论文，主要目的在于寻找破坏皮肤屏障（例如湿疹中出现的问题）是否会导致食物过敏的发展。

我们从此前研究中得知，皮肤屏障的破坏可能是儿童食物过敏的重要因素之一。患有湿疹的婴儿更有可能发展成食物过敏。我们也知道，有影响皮肤的基因突变发生的儿童，食物过敏的情况更多。

研究人员利用小鼠模型模拟人体内的一种过敏——免疫球蛋白 IgE 介导的食物过敏。有些食物，比如花生，会对有此类过敏反应的人产生致敏作用。然后，这些敏感人群就会在摄入此类食物时发生过敏反应。

在该阶段，有人就提出，致敏作用会通过皮肤暴露出现在人体中，但研究尚未证明这种联系。

研究人员选择在皮肤屏障功能基因上有遗传缺陷的新生小鼠，采取几个步骤，让小鼠对花生过敏。

他们首先将在肥皂中常见的十二烷基硫酸钠抹在小鼠皮肤上，以确保下一步的溶液能够停留在皮肤上不要滚落。然后他们将花生和室内灰尘中发现的环境过敏原混入溶液，定期滴到小鼠的皮肤上，造成"致敏作用"。然后，他们给小鼠口中喂入花生。

研究人员测试了小鼠潜在的食物过敏反应，例如在口腔接触花生后体温是否下降。之所以采用室内灰尘中的环境过敏原，是因为研究人员此前的研究显示，室内灰尘可能含有花生蛋白。他们同样展示了在灰尘中含有更多花生的环境下长大的儿童通常更容易对花生过敏，但这也只是在他们同时患有影响皮肤屏障的遗传突变时。

结果如何？

研究人员表示，他们可以将小鼠暴露于花生和室内灰尘过敏原，诱发患有皮肤屏障功能遗传缺陷的新生小鼠产生花生过敏。

但是，如果没有室内灰尘过敏原，其他任何诱发因素（十二烷基硫酸钠、花生、皮肤屏障突变）都没有用。

这表明，在这个小鼠模型中，花生致敏作用可以通过皮肤出现，但是必须有环境过敏原的存在。新生小鼠同时要患有皮肤屏障功能的遗传缺陷，并将其暴露于花生和室内灰尘成分中，才能产生过敏。

然而，人们并不能仅从这项研究就得出这些因素是否也同样是儿童食物过敏的必需条件。

那么，婴儿湿巾呢?

既然如此，婴儿湿巾可能与食物过敏有关的说法是谁提出的呢?

研究人员表示，他们用于固定其他溶液的十二烷基硫酸钠也出现在湿巾当中。他们写道："肥皂的成分如月桂基磺酸钠，也就是湿巾中的十二烷基硫酸钠（SDS）……可能会增加患有皮肤屏障突变的婴儿在喂养和清洁过程中的过敏原摄入。"

然而，科普林和尼兰德快速查看了一些婴儿湿巾的常用品牌，他们并没有发现十二烷基硫酸钠出现在成分表中。

同时，即便这些湿巾含有这种化学成分，人们也很难知道使用婴儿湿巾是否与婴儿的食物致敏作用相关。这要求对暴露于十二烷基硫酸钠的小鼠和没有暴露于该成分的小鼠进行对照，但该项研究并没有做这方面的工作。

我们还应该考虑什么?

如果在婴儿时期皮肤屏障受损，就有可能会增加皮肤吸收花生成分的风险，进而导致过敏，这听起来似乎是有道理的。

尽管这些观察很有趣，但若要证明是什么因素造成或阻止了食物过敏的发生，这种令人信服的证据通常只能在随机对照试验中获得。这时，需要给一组对象某种干预（如暴露于某种过敏原），然后对照实施了另一种干预或是没有实施任何干预的"控制组"。迄今唯一一个阻止花生过敏的类似试验显示，在患有严重湿疹的婴儿患病早期导入花生，会降低发生花生过敏的风险。

目前，随机试验正在尝试检验使用润肤霜提高皮肤屏障功能能否阻止婴儿对食物过敏，这将为了解儿童食物过敏发生过程中皮肤屏障的作用提供更多的信息。

尽管过度使用肥皂或含有肥皂成分的产品有可能会破坏皮肤屏障，增加通过皮肤吸收食物过敏原的可能性，但仍需进一步研究来证明这一点。

尽管人们并不建议让新生儿使用肥皂，因为这会让他们的皮肤变得干燥，但并没有强有力的证据表明，避免肥皂的使用就能降低儿童发生食物过敏的风险。婴儿湿巾的相关证据就更少了。

澳大利亚阿德莱德大学药理学资深讲师伊恩·马斯格雷夫（Ian Musgrave）对这篇研究调查进行了同行评议。他在研究了该文章、相关原始论文及部分支持文献后表示："这篇研究调查文章对原始研究论文的评估是公平公正的。"

湍流不仅是个科学问题

黄森 / 编译

提及大气湍流，大多数人第一时间会想到乘坐飞机时的"恐怖"经历。但湍流无处不在，不仅存在于空气中，也存在于水中，甚至存在于移动的人群中。

湍流无处不在

简单来说，湍流是流体的一种流动状态。虽然湍流会降低飞行旅途的舒适性，但大气层中的湍流对地球生命的存在至关重要。湍流将热量、水分、二氧化碳送到地球表面，使地球生物圈适合居住。若没有湍流，当太阳升起时，地面附近的空气会变得异常灼热，说得夸张一点，脚指头会热得融化，而头部则会结冰。

人口较为稠密的地区往往伴随着不确定的湍流。人口稠密、植被较少的地区吸收了来自太阳的热量，并通过湍流将热量释放。这个过程可以产生具有严重空气质量问题的复杂微气候。

降低湍流水平会对生态环境产生负面影响，烟雾和藻类大量繁殖便是湍流降低时所出现的一种极端情况。

水中的湍流还会减缓水的流速，若没有了湍流，河流中船只行驶速度可达到恐怖的 2000 千米 / 时。

在工程领域，我们无法精确地建模并控制湍流，从而导致了无效的过度设计（over-design）并限制了未来技术的应用。目前，每年生产的电力中约有

10% 的电力在克服湍流影响的过程中被消耗掉。

湍流对航空的影响

乘坐过飞机的人几乎都遭遇过湍流——飞机突然抖动颠簸并上下摇摆。那么，湍流会导致空难事故吗？

答案是肯定的。在极端条件和特殊情况下，湍流可能会导致航空事故。1966 年，一架波音 707 飞机飞行员为了向游客展示富士山而偏离航线，遇到强烈的晴空湍流，导致飞机尾翼断裂而坠毁，机上 124 人全部遇难。当时的风速超过了 225 千米 / 时。

现在，基于技术的进步，发生这种事件的概率已经微乎其微。现代飞机的设计使用了更高的应力和应变弹性标准，其设计受力能力在过去的 40 年间提高了 1.5 倍，能够承受更为急速的湍流。其实正常的湍流对飞机的影响完全没有我们想象的那么大，在乘坐飞机时遇到湍流不必太过紧张，你要做的就是系好安全带。

达·芬奇的"湍流"

在人文学科中，湍流的概念被广泛应用于各种艺术及文学表现形式，甚至哲学理论、经济建模和对政治革命的描述。相对于科学家，人文学者更倾向于使用湍流概念隐含的混乱、激烈、破坏和喧闹这类消极意义的字眼。考虑到水围绕障碍物的旋转运动，达·芬奇将湍流描述为激烈和破坏性的力量。

达·芬奇的艺术灵感和科学思维并非来源于空想，而是受到周围世界的启发。

达·芬奇关于水在水坝矩形孔中形成湍流的研究

他的一些关于空气和水流的研究以及关于鸟类飞行的研究对科学技术的发展作出了突出贡献。

用丰富的专业知识解决问题

湍流可以减少阻力、提高效率、降低燃油消耗并能使人们有更加舒适的飞行体验，这对于旅客和航空公司都尤为重要。

对于风电场和潮汐能源场，湍流的大小和规模可以通过建立可靠有效的模型来改善，以降低涡流所带来的故障风险和电力供应损失。

了解沿海和内陆水域的湍流有助于确定河流、河口和沿海海洋生态健康的最佳保护方案。从长远来看，关于湍流的工程能力可以帮助我们了解人口的流动，例如在战争和使用化学武器后的难民危机。

跨越科学、技术、工程、艺术和人文科学，我们可以思考如何以及为什么要在不同的文化知识体系中理解湍流，并了解在日常和极端环境中的湍流如何被建模和管理。这是建立可持续发展经济的一个重要方面。

在社交媒体上分享消费经历对经济和心理健康存在潜在危害

牟庆璇 / 编译

现在，当人们买了最新款的衣服、跟朋友去外面聚餐或者外出旅游的时候，总喜欢拍一些美图上传到社交媒体上。表面看起来这似乎没有害处，但这种以消费为导向的分享可能会对经济和心理健康产生负面影响。

悉尼科技大学营销管理专业高级讲师何文斌（Hillbun Ho）带领他的团队经过研究发现，这种社交媒体参与的分享使一些人产生了更大的焦虑，逐渐变得自卑，增加了过度消费的可能性。

世界上大约 40% 的人使用社交媒体，年轻人在网上花费的时间更多。因此，了解社交媒体对健康和幸福的影响对于减少潜在危害至关重要。

消费者导向的分享易引起攀比之风

在何文斌团队的研究中，他们调查了 900 名年龄在 17~24 岁的新加坡大学生的社交媒体活动，借此探讨分享信息是否会对幸福感产生影响。

在脸书（Facebook）和照片墙（Instagram）这样的社交平台上，每个人看起来都很快乐：享受假日，去高档餐厅用餐，购买奢侈品和衣服。那么，这种光彩闪耀的生活写照是否会对社交媒体用户产生心理影响呢？

之前的研究大部分是关于社交媒体上花费的时间对生活的影响，而何文斌团队的研究主要是基于消费者发布的内容（比如关于产品或购物体验的帖子）和幸福感之间的联系。

他们的研究是在几个大学校园里进行的。参与者自愿报告他们的社交媒体使用情况、与同学之间的比较心理、幸福感和消费水平等。通过分析这些数据，研究人员能够评估参与者分享消费内容对幸福感的影响。

研究结果表明，当年轻人热衷于在社交媒体上分享关于购物体验的内容时，容易引起社会比较。这种行为会伤害他们的心理健康，产生自卑心理，还会增加焦虑感。这些感觉会进一步导致年轻人无法控制自己的消费支出，似乎只有这样，才能够缩小自己与在社交媒体上看到的别人生活之间的差距。

虽然新加坡文化注重物质生活和与他人进行比较，但该研究结果也适用于澳大利亚甚至是世界上大部分社交媒体用户，尤其是年轻人。特别值得关注的是，消费导向的分享与高风险支出行为之间存在着联系，比如较高的信用卡债务。

如果只是在社交媒体上分享简单的日常生活不会产生同样的影响。

健康的亲子关系有助于控制此类问题

研究显示，对于那些认为物质财富"非常重要的"的学生，负面影响更为普遍，但那些与父母关系良好的学生受到的负面影响较小。

有的学生认为，他们与父母有着亲密、健康的关系，家人之间以依恋、支持和温暖的方式相处。他们不会存在类似的自卑感，更不会产生上文所说的后果。

这项研究对于政府在制定关于年轻人的相关政策方面有重要意义。何文斌团队还要在澳大利亚进行类似的研究，以更好地了解年轻人，帮助他们发展自我调节的能力。

这项研究对营销人员也有参考意义。某些产品通过社交媒体"大V"的宣传会产生潜在的负面影响——像有大量粉丝追捧的美妆或者时尚博主，他们可以免费得到产品或有偿去宣传某些品牌，这会在无形中刺激年轻人的消费心理和攀比心。

人类是什么时候学会数数的？

李楠 / 编译

数学的历史是模糊的，早于任何书面记载。人类第一次掌握数字的基本概念是在什么时候？尺寸呢？形状呢？

研究人员通过在危地马拉、埃及和日本的研究，特别对不同文化中数学的共性和差异进行了比较和分析。虽然没有人知道数学的确切起源时间，但是现代数学史学家知道，口头语言的出现比书面语言早几千年。语言方面的线索表明，世界各地的人们肯定首先发展了数学思维。

早期线索

差异比相似之处更容易理解。区分多少、男女、高矮的能力肯定是非常古老的概念。但是不同事物共享一个共同属性的概念——比如绿色或圆形，比起兔子、鸟和月亮都分别拥有独一无二的属性——要微妙得多。

在英语中，表示"双"和"对"有很多不同的单词，比如"duo""pair"和"couple"，以及一些特别的短语。看得出来，在人类拥有高度发达和丰富的语言之后，双重性的数学概念得到了很好的发展。另外，单词"two"（二）的发音可能早前与它的拼写更为接近，这是基于twin（双胞胎）、between（在两者之间）、 twain（两英寻）、twilight（白日与黑夜相遇）、twine（两股缠绕）和 twig（一根树枝一分为二）的现代发音。

书面语言比口头语言发展晚得多。不幸的是，许多是记录在易腐烂的媒介上，这些媒介早已腐烂。但一些幸存下来的古代文物确实显示出一些复杂的数学。例如，世界上许多地方都发现了史前的计数棒——在动物骨头上切下的缺口。虽然这些可能不是实际计数的证据，但它们确实表明了一些数字记录的意义。当然，人们是在对凹槽和外部物品——可能是石头、水果或动物——进行一对一的比较。

计数实体

对现代"原始"文化的研究为了解人类的数学发展史提供了另一个窗口。所谓"原始"，在这里指的是缺乏书面语言或现代工具和技术的文化。许多"原始"社会有发达的艺术和深刻的伦理道德意识，人们生活在复杂的社会中，有着复杂的规则和期望。在这些文化中，数数通常是通过手指弯曲或指向身体的特定部位无声地进行的。新几内亚岛上的一个巴布亚部落通过用手指指向不同的手指和手肘、肩膀、嘴巴和鼻子等部位，而从 1 数到 22。

大多数原始文化借助特定实体来计数，这取决于它们所处环境中什么东西最多。例如，阿兹特克人会数一石、二石、三石等，五条鱼就是"五石鱼"；爪哇原住民部落的计数从一种谷物开始；南太平洋的尼西部落以水果为计数单位。

英文数字也可能是有特定实体的，但它们的意义早已被遗忘。"5"这个词可能与"手"有关。"11"和"12"意味着类似于"多了 1"和"多了 2"的意思——超过 10 根手指的总数。

今天美国人使用的计数法是十进制的，这是从古希腊人那里继承的。然而，其他文化表现出大量的多样性。一些古代中国人以及南非的一个部落，使用的是二进制系统。三进制在美国原住民部落中很少见，但也不是闻所未闻。古巴比伦人使用六十进制，这一系统的影响今天仍然存在，这就是为什么一个小时有 60分钟以及一个圆周有 360 度。

书面数字

古代美索不达米亚人有一个非常简单的数字系统。它只使用了两个符号：垂直楔形（v）表示 1，水平楔形（<）表示 10，所以 <<vvv 表示 23。但是美索不达米亚人没有 0 的概念，无论是把它当作一个数字还是当作一个占位符号。打个比方，就好像现代人不能区分 5.03、53 和 503 一样。这种情况下，上下文是必不可少的。

古埃及人用不同的象形文字表示 10 的不同幂次。数字 1 是垂直的一划，就像我们现在使用的一样，但 10 是一个脚踵骨，100 是一个卷轴，1000 是一朵莲花，10000 是一根手指，100000 是一只蝌蚪，1000000 是一位掌握宇宙的神灵。

今天，大多数人所熟悉的数字是在印度随着时间的推移发展起来的。在印度，计算和代数是最重要的。现代的乘法、除法、平方根等规则最初也是在这里诞生的。这些概念不断发展，并通过伊斯兰学者逐渐传播到西方世界。这就是现在为什么称这些数字为印度 – 阿拉伯数字系统。

对于正在努力学习数学的学生们来说，意识到从数"1、2、3"到现代数学体系的建立经历了几千年的时间，是一件好事。

如何证明食物落地"5 秒法则"是骗人的？

李楠 / 编译

当一块食物掉在地上的时候，如果你在 5 秒钟内捡起来吃掉真的可以吗？这个关于食物的神秘理论认为，如果食物只在地板上停留几秒钟，污垢和细菌就没有机会污染它。有些实验室深入研究了食物及其接触面是如何被污染的，并在这方面做了较为广泛的探讨。

虽然"5 秒法则"似乎不是食品科学研究人员最紧迫要研究的问题，但类似的食物神秘理论仍然值得研究，因为它们建构了人们对于食物在何时可以被安全食用的观念。

那么，5 秒钟时间是区分地板上的食物可食用与不再安全的关键时间吗？事实比这要复杂一点。这取决于在几秒钟内从地板转移到食物的细菌数量以及地板的清洁程度。

"5 秒法则"是哪来的？

在食物掉到地上（或其他地方）后还在想是否还可以吃是一种很常见的生活经历。美国烹饪节目中的名厨朱莉娅·查尔德（Julia Child）有一个广泛流传但并不准确的故事，可能促成了这个关于食物的神秘理论。一些观众坚称，他们看到查尔德掉了一块羔羊肉在地板上（也可能是一只鸡或火鸡，取决于故事的版本），然后把它捡了起来，并建议如果他们独自在厨房，客人永远不会知道。

其实，故事的主角是一个土豆饼，它掉在炉子上，而不是地板上。查尔德把它放回了锅里，说："你当然能把它捡起来，如果你一个人在厨房里，谁会看到呢？"但那些被记错的故事版本依然流传。很难考证经常被引用的"5 秒法则"的起源，但 2003 年的一项研究报告显示，70% 的女性和 56% 的男性都熟悉"5 秒法则"，而且女性比男性更有可能吃掉在地上的食物。

那么让科学告诉我们如果食物在地板上停留一会儿，对食物安全意味着什么呢？

只需要 5 秒？

关于"5 秒法则"，最早的研究报告是由在伊利诺伊州立大学参与科研训练的高中生吉利安·克拉克（Gillian Clark）撰写的。克拉克和她的合作伙伴给地砖接种了细菌，然后把食物在地砖上放置不同的时间。他们报告说，细菌能在 5 秒内从瓷砖转移到小熊软糖和饼干上，但没有报告细菌转移的具体数量。

在 5 秒内到底有多少细菌转移了？

2007 年，克莱姆森大学的研究人员在《应用微生物学杂志》上发表了一篇研究论文，这是目前关于这个主题的唯一一篇同行评议期刊论文。论文讨论了食物与污染表面接触的时间长短是否会影响细菌向食物转移的数量。

　　为了实现定量化，研究人员将沙门菌接种在瓷砖、地毯或木头的表面上。5分钟后，他们把腊肠或面包放上去，持续接触 5 秒、30 秒或 60 秒，然后测量转移到食物中的细菌数量。当细菌在表面停留了 2 小时、4 小时、8 小时和 24 小时后，他们准确地重复了这个实验。

　　他们发现转移到任何一种食物上的细菌数量并不取决于食物与污染表面接触的时间。无论是几秒钟还是一分钟，结果并没有显著差异。表面细菌的总量更重要。在最初接种后，随着时间的推移，细菌数量会逐渐减少。所以，问题的关键不在于食物在地板上停留了多长时间，而在于地板上生活着多少数量的细菌。

　　他们还发现表面的种类也有影响。例如，食物掉在地毯上似乎比木头或瓷砖上安全一点：当地毯接种沙门氏菌时，不到 1% 的细菌转移到了食物上；但当食物与瓷砖或木头接触时，48%~70% 的细菌会转移。

　　2017 年，英国阿斯顿大学的一项研究使用了与上述研究非常相似的参数，发现在相似的表面上测试 3 秒和 30 秒接触时间的结果也是类似的。他们还报告说，87% 的被调查者会吃掉在地上的食物。

你应该吃掉在地上的食物吗？

　　从食品安全的角度来看，如果表面有上百万个或更多的细菌，那么它们中的0.1% 转移到食物上，就足以引起疾病。此外，某些种类的细菌毒性极强，只要少量就能让人生病。例如，不到 10 个强致病性大肠杆菌细胞就可以导致免疫系统受损的人患上严重疾病，甚至死亡。但是这些细菌很少出现在人们日常接触的表面上。不仅仅是食物掉在地板上会导致细菌污染，细菌也会通过各种各样的"媒介"传播，这些媒介包括生的食材、潮湿的表面、手或皮肤以及咳嗽或打喷嚏的飞沫。

　　手、食物和器具可以携带单个的细菌细胞、细菌群落或多种细菌组成的细胞群，它们生活在有保护功能的膜结构中。这些含有细菌的微观沉积物层被称为生物膜，它们在大多数表面和物体上都存在。生物膜可以容纳细菌群落的时间更长，而且很难清除。这些菌群里的细菌对杀菌剂和抗生素的抵抗力也比单独生活的细菌强。

所以下次当你考虑吃掉在地上的食物时，很有可能吃下那一小块也不会生病。但是也会发生小概率事件，就是你的食物掉在了一个危险的地方，那块地面上有一些致病性的微生物。若真如此，那块食物就真的不再安全了。

无论研究结果还是常识都告诉我们，最好的办法是保持手、餐具和其他表面的清洁，而不是计算食物接触其他表面的时间。

五颜六色的毒蘑菇

张娟 / 编译

编者按：

还记得曾经大热的宫斗剧《如懿传》中十二阿哥永璂吃"香蕈肉片"中毒的情节吗？蕈，意同现代"菇"，即蘑菇，真菌的一类，生长在树林里或草地上。地下部分叫菌丝，能从土壤里或朽木里吸取养料。地上部分由帽状的菌盖和杆状的菌柄构成，菌盖能产生孢子，是繁殖器官。蘑菇的种类很多，有的可以吃，如香菇；有的有毒，如毒菇。《如懿传》中用毒蕈代替香蕈入菜，导致十二阿哥中毒。

毒蘑菇，是指大型真菌的子实体被食用后使人或畜禽产生中毒反应的物种。我国毒蘑菇分布广泛，约有100多种，可以引起人严重中毒的有10余种。每年都有毒蘑菇中毒事件发生，以春夏季最为多见，常致人死亡。2001年9月1日，江西永修县有1000多人中毒，为中华人民共和国成立以来最大的毒蘑菇中毒事件。多数毒蘑菇的毒性较低，中毒表现轻微，但有些蘑菇毒素的毒性极高，可迅速致人死亡。一种毒蘑菇可能含有多种毒素，一种毒素可存在于多种毒蕈中。

我国民间流传的分辨毒蘑菇的方法有很多，例如菌柄上同时有菌环和菌托、菌褶剖面为逆两侧形的蘑菇多数有毒，颜色鲜艳的都有毒等，这些说法都是不科学的。由于有些毒菌和食用菌的宏观特征没有明显区别，且至今还没有找到快速可靠的鉴别毒蘑菇的方法，因而人们误食毒蘑菇而引发中毒的事件时有发生。只根据传统上个别简单经验和特定方法来识别不同地方复杂多样的毒菌和食用菌，正是造成误食毒菌中毒的原因之一。2000 年，广州市 3 起毒蘑菇中毒事件的患者，都称曾在家乡多次吃过"同样"的蘑菇而没有中毒。事实上它们并不一样，因为许多食用菌和毒菌是非常相似的，有时连专家也需要借助显微镜等工具才能准确辨别。

毒蘑菇为何有毒？

目前确定毒性较强的蘑菇毒素主要有鹅膏肽类毒素（毒肽、毒伞肽）、鹅膏毒蝇碱、光盖伞素、鹿花毒素和奥来毒素。在误食毒蘑菇而中毒死亡的事件中，90% 是由剧毒鹅膏所致。那什么是鹅膏呢？宋代陈仁玉于《菌谱》中记载："鹅膏蕈，生高山，状类鹅子，久乃伞开，味殊甘滑，不谢稠膏……"这里的"鹅膏蕈"就是鹅膏。

鹅膏科包括知名的可食用鹅膏，如在欧洲市场上深受欢迎的"凯撒鹅膏"以及在我国广为人知的"鸡蛋菌""黄罗伞"和"草鸡枞"等。同时，该科还包括了众多的有毒鹅膏：致命鹅膏、灰花纹鹅膏和黄盖鹅膏等，误食会造成急性肝损害；假褐云斑鹅膏、赤脚鹅膏等，误食会引起急性肾损伤；毒蝇鹅膏、土红鹅膏、残托鹅膏等，误食会导致神经精神状疾病。因此，鹅膏科是毒蘑菇种类较多的一科。鹅膏科真菌物种繁三，全球约 700 余种，与 10 余个科的植物形成菌根共生关系，物种形态各异，结构类型多样，生态分布广泛，趋同进化和隐形种现象并存。

鹅膏科真菌的主要特点：担子果（即蘑菇的伞状子实体）肉质，菌盖常被各式菌幕残余，有菌托（有时菌托不明显，成为菌柄膨大的基部），有或没有菌环，菌褶白色，地生，常与壳斗科的植物共生。环柄菇类的特点是长在有杂草等腐烂有机物的地上，菌褶通常为白色、浅黄色至淡黄绿色，有明显的菌环，过去称之为环柄菇属，铅绿褶菇就属于这类真菌。长在牛马等畜粪上的蘑菇，毒菌的比例相当大，虽然它们分类学上分属于不同的类群，但其毒性都较为相似，通常以能引起神经型中毒症状为主，也能引起胃肠类型中毒。一些损伤后变绿色，或菌褶带绿色色泽的种类也应小心（如铅青褶伞的菌褶带点绿色，古巴裸盖伞损伤时菌体会变绿色）。这些损伤后氧化变青绿色的化学物质大多是有毒的。另外，有毒植物附近的食用菌种类也不能采食。

许多毒蘑菇都是与植物共生的菌根真菌，有些共生专一性较强的毒蘑菇，可从辨认它的共生植物来进行初步识别。如广州市近年来引起严重中毒事件最多的致命鹅膏是黧蒴树根部的共生菌。至今研究者们所采集到的致命鹅膏都是在黧蒴树生长的地方发现的。

常见的几种毒蘑菇

死亡帽被认为是世界上最毒的蘑菇，含有鬼笔毒素与鹅膏蕈碱两种毒物，仅仅食用 30 毫克便足以致人于死地。死亡帽为一种剧毒的担子类真菌，在全球范围内，这种真菌是多数与蘑菇有关的死亡事件的罪魁祸首。

毒鹅膏为一种剧毒的担子类真菌，鹅膏菌属的一员。毒鹅膏分布广泛，并且以菌根型式共生于落叶性乔木。菌伞一般呈现绿色，并且有白色的菌柄和菌褶。

死亡帽 　　　　　　　　　　　　　毒鹅膏

双孢鹅膏菌一般分布于针阔混交林和落叶阔叶林，蘑菇有白色的光滑菌盖，直径可以达到 10cm；菌柄长 8~14cm，粗 2~5cm；有菌托较厚呈苞状。越新鲜的双孢鹅膏菌，毒素含量越高。

伞形毒菌是一种可以作用于神经的剧毒真菌，它有几种亚种，分别呈现出黄色、棕色、粉红色等。每个亚种有不同的菌盖颜色，如黄色、棕色、粉红色等。

双孢鹅膏菌 　　　　　　　　　　　　　伞形毒菌

鹿花蕈分布于中国的吉林、西藏等地区。毒性因人而异，中毒一般分为胃肠炎型、神经精神型、溶血型、脏器损害型和日光皮炎型5种类型。其中胃肠炎型和神经精神型潜伏期一般短则半小时，长则4~6小时，最短在进食毒蘑菇10分钟后即可发病。

鹿花蕈

研究人员建议，凡色彩鲜艳，有疣、斑、沟裂、生泡流浆，有蕈环、蕈托及奇形怪状的野蘑菇皆不能食用。但须知有部分毒蘑菇包括剧毒的毒伞、白毒伞等皆与可食用蘑菇极为相似，故如无充分把握，仍以不随便采食野蘑菇为宜。若不慎采食，应立即就医，并保留样品供医生救治参考。

为何要排队这么久？排队理论助你勇敢面对"假日长龙"

张玥 / 编译

读完这篇文章后，当你再遇到要排队的情况时，肯定会思考如何缩短自己的等待时间。作为运营管理专家，美国纽约州立大学布法罗分校管理学兼职讲师约斯特·威乐斯（Joost Vles）2018年在"对话"（The Conversation）网站撰文指出，有时候排长队实际上是一件好事。

威乐斯的家人已经习惯了他的这一理念。在最近的一次购物之旅中，他们听到一位失去耐心的顾客脱口而出："这队怎么这么长啊？"威乐斯的女儿听到后，瞪着父亲说："不要想着跟他讲排队理论。"

威乐斯的确克制了很久，才忍住没有回答这名顾客的问题。但是他也很高兴，自己的女儿已经了解单人员服务模式和多人员服务模式的区别。

他指出，在为何要排这么长队的背后，其实是排队理论的数学问题。队列只是用来描述一系列事物排成一行，等待轮到自己：无论是人们在等着获得免费的冰淇淋筒，还是一辆新车在排队通过汽车装配线。

因此，这篇文章或许有助于读者了解部分基础的排队理论，帮助你勇敢地面对节假日的购物长龙。

当队列排成了"蛇形阵"

当然，队列过长的原因有很多。可能是零售经理故意想看着每名顾客饿肚子，但这并不是一条好的商业策略，而且也不太可能是队列长的原因。

另一个可能性就是这个负责人更注重提供服务的成本——在这种情况下即配置适当的人手快速处理收银，而非注重解决顾客的等待时间。这种情景更有可能是背后的原因，但这的确也不是一个良好的长期商业策略。可能对此也有其他版本的假设，但通常并不是真正的原因。

又或者是你在等待的服务是很多人所追捧的对象。如果是这样的话，这条队列可能会说明你很明智，能够最终分一杯羹。这种原因听起来也不错，但却往往不是实际情况。通常你不会彻夜扎营就为了一张前排门票，或是要第一个抢到某款新设备。最有可能的情景是，你并不理解队列的设计方法。即便看到"蛇形长队"在某一商场门前来回绕了三折，也并不代表这就是你的真实等待时间。即使是看起来似乎很长的队列，也有可能在超快的服务速度下让大家可以快步前行。

背后的数学问题

这个系统设计概念是基于利特尔法则的数学定理。该法则的发现者是麻省理工学院运营研究方面的教授约翰·达顿·柯南特·利特尔（John Dutton Conant Little）。

利特尔法则所提供的数学方法让像威乐斯一样的研究人员可以用此检查多种排队情况下的不同系统设计。该算法假定了这样的情况，即经过一段时间后，某系统内顾客的数量等于他们的到达速率乘以他们平均在该系统所花费的时间。

有些队列的服务时间会因人而异，例如邮局。还有些队列的服务时间是固定的，如自动洗车装置。每种情况都会采用自己独特的方案，以帮助运营经理设计最佳的商业系统。

基于利特尔法则的方程式，威乐斯利用自己的计时器不断证明，更长的队列实际上可能是更好的选择。

他解释道，想象如果你面前有很多短队列，每个队列都有自己的收银员。可以将这称为杂货店模式，或更正式地将其称之为单人员服务模式。你只有正确地猜到哪支队伍的速度更快，才能更快地离开杂货店，但很多人往往都会猜错。

但如果让所有人都排成一个长队，由多个雇员服务，事实上对所有人来说反而更快，例如银行业务或机场安检。尽管这似乎与你平常习惯的排队方式不同。

这主要是因为，在收银台扫描商品时，如果遇上有人退货或是速度很慢的顾客，这种延误只会影响到直接处理这一情况的收银员。剩下的队列则会继续向前推进。在多人员服务模式中，一个收银员的延误会分散到整个系统中，而非像杂货店中看到的一样，发生某一队完全动弹不得的状况。

因此，即便你看到一条长队，只要这是唯一的选择，你其实应该感到高兴。最起码你无须再纠结于选择排哪队。而且，威乐斯最后也表示，利特尔法则意味着，单一长队是最公平也是最快捷的排队方式。

科研视窗

基础研究与实际应用的联系

朴晓宇 / 编译

　　当今人们出行，少不了种类繁多的打车软件，如滴滴出行、优步等，你能想到这些打车软件与 19 世纪的几何学以及爱因斯坦的相对论之间存在千丝万缕的联系吗？

　　这类基于位置移动的应用程序都依赖全球定位技术，将用户与附近的可用汽车联系起来。全球定位技术需要一个卫星网络，将数据从地球发出最终再传送回地球。为了让卫星能够正确地传递信息，必须遵从爱因斯坦广义相对论中提出的重要原则，即"引力场影响时间和距离的测量"。爱因斯坦创立的广义相对论的数学源头要追溯到 19 世纪的数学家黎曼（Riemann）提出的"黎曼几何"。但在爱因斯坦提出广义相对论之前，人们都认为"黎曼几何"是无法应用到现实世界中来的。

　　这个例子凸显了对基础科学研究价值的持续争论。在市场经济驱动下的当今时代，大量的税收和其他资金被用于高校、研究单位以及其他科研设施，然而回报呢？科学研究能否在实际应用中发挥作用和产生价值，这已然成为社会关注的热点。

以美国为例

　　对于基础研究的价值存在着两种相反的声音。支持者认为科学研究可以将获取的新知识应用于实践，具有深远的意义和社会价值，因此美国才在第二次世界大战之后建立了国家科学基金会。与此相反，反对者认为市场创新很少依赖于大学或政府实验室的研究工作。他们认为基础研究就像是"象牙塔"里的一种孤立的活动，在实际应用中很少产生回报。

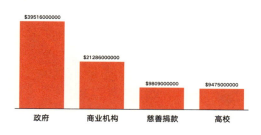

美国 2013 年用于基础科学研究的资金来源，政府成为投资带头人，商业机构、慈善捐款以及高校次之

当一个观点逐渐成为主导，它就会对政策产生重大影响。美国联邦政府在基础研究上的支出（占 GDP 的比重或联邦预算的份额）在过去几十年里一直呈下降的趋势。

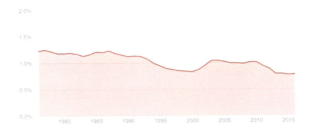

近 40 年来，美国政府投入在科学研究上的资金占国内生产总值的比例停滞并下降

专利发明与科学研究的联系

以往对该主题的研究通常基于科学家是否自己发表专利或创办企业，这代表着科学家与实际应用之间的直接联系。但这种研究是存在问题的，例如上文所述的"黎曼几何"，它不仅可以被最初的研究者应用，也可以在几百年、几千年后被任何了解它的人所应用。此外，一个探索性的发现还可能会促进其他应用的研究，这意味着其间可能存在高度间接的联系。

为了寻找其间的联系，研究人员调取了美国专利局自 1976 年到 2015 年的 480 万项专利和数据库中发表于第二次世界大战后的 3200 篇期刊文章。大多数专利都是由企业提交的，代表着潜在的市场应用。大多数研究文章都来自大学和其他研究机构。因此，这些研究不仅有助于追踪科学研究与专利发明之间的联系，也有助于追踪非营利研究机构与企业之间的知识流动。

为了找到联系，研究人员创建了一个类似于"社交网络"的关系图，它将专利与科学论文以相互引用的关系联系在一起。他们还编写了一种算法，以根据被引次数来发现任意两项之间最短的距离，从而有效地识别出给定的专利与研究论文的"科学谱系"。

科学走出象牙塔

科学研究与未来实际应用之间存在着非常广泛的联系。虽然有些科学论文从来没有被引用过，但在最少被引用一次的科研论文中，有 80% 的论文可以与未来的专利挂钩；同时，61%的专利至少引用过一篇研究论文。因此，在"科学谱系"中，科学领域的论文与专利的间接联系更多，对于数学这一类比较抽象的领域来说更是如此。而像计算机这类本来应用性就强的领域，其论文与专利之间的直接联系更为明显。除此之外，通过参照专利的市场估值发现，最具影响力的专利依赖的科学论文往往也是最为前沿与重要的。

巴斯德象限

对于科学研究的浪漫主义观点认为，科学研究主要由好奇心驱动的，研究者进行一系列的科学研究是因为碰巧发现它很有趣，而不管它的实用性。因此，在一些人看来，关注于应用与"真正的"科学格格不入。

然而，研究人员发现得以应用的研究更有可能对科学本身产生影响。特别是那些被专利直接引用的研究文章往往会成为科学领域的"本垒打"，这些杰出的高引用率的论文被其他科学家所借鉴。因此，关注现实世界的问题不仅可以促进直接的应用，也可以促进新的科学，从而带来对理解世界潜在的深远进步。

"巴斯德象限"以19世纪著名科学家路易斯·巴斯德（Louis Pasteur）的名字命名。路易斯·巴斯德主要关注食品安全等实际问题，然而在尝试从牛奶中去除有害细菌时，他做出了现代生物学最重要的发现之一：细菌会导致特定的疾病。"巴斯德象限"寻求对科学问题的基本理解，同时也对社会产生直接的应用价值。路易斯·巴斯德在科学驱动下开展调查，同时又能够解决现实问题，他的研究填平了基础研究和应用研究之间的鸿沟，被认为是这类方法的例证。

简而言之，有相当比例的科学研究能够促进应用的实际进展。虽然科学与应用之间的联系大多是间接的，但是要相信基础研究与最终的实际应用之间存在着意想不到的微妙联系。另外，与

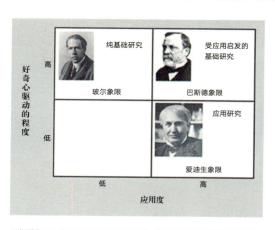

巴斯德象限，横坐标代表着应用度高低，纵坐标代表好奇心驱动的程度

应用最直接相关的科学发现也对科学本身产生了意义非凡的影响。

科学创新——真的必须还是无谓的痴迷？

马明良 / 编译

2018 年的一项针对超过 1500 名科学家的调查发现，他们中有超过 70% 的人都报告称他们至少有过一次无法重复其他科学家的研究的经历。他们中间接近一半的人在重复自己的研究结果时也遇到过类似的问题。难怪现在人们都在讨论科学研究中的"可重复性危机"——许多研究成果在第二次验证时就站不住脚了。

重复研究结果是科学的核心基础之一。如果研究结果只在一些实验室有效而在另一些实验室无效，那研究者怎么才能对他们的发现充满自信呢？如果研究结果不可靠，那么社会如何能将依据研究结果形成的政策付诸实践呢？

在意识到这一问题后，人们一直呼吁对科研机制进行改革。科学家也在积极进行探索，他们运用不同的实验方法，区分出被充分论证过的科学和那些不能被重复的研究结果。有人甚至开始重新评估科学家当初是怎样选择哪些研究项目可以进行深入研究的。提出创新和全新的发现比验证已发表的研究要光鲜亮丽得多。那么，以创新为优先是否必然导致这样的结果呢？

过于鼓励某种极端了吗？

解决重复性危机的一个方案是进行大量的再现研究。比如，eLife 期刊就参加了一项旨在重复和验证癌症研究领域的项目。第一批验证结果已经公布，但情况并不乐观：在经验证的 5 项研究中，只有 2 项研究结果是可重复的，有 1 项不可重复，还有 2 项并没有得出确切的结论。

这样的重复验证不应该局限于癌症研究领域，实际上各个研究领域都存在重复性危机问题。

然而，将大量时间和精力花在验证别人的研究上也有一个大问题，那就是与创新的需要存在冲突。学术期刊的权威性部分取决于发表文章被引用的频次。如此一来，这些学术期刊就更愿意发表那些全新的研究结果，因为它们更有可能受到引用，而那些验证别人研究结果的文章则不受学术期刊的青睐。

一项针对医学期刊发表的临床研究的调查发现，最权威的期刊更愿意采用那些被认为极具创新性的文章，而不是有充分的数据论证的文章。一些学术资助机构，比如美国国立卫生研究院要求专家在评审研究者的资金申请时，要评出"创新指数"，以优先资助那些最具创新性的研究项目。研究者们当然也注意到了这种倾向——2014 年的一项调查发现，在论文摘要和标题中，像"新颖""不可思议的""创新的""前所未有的"等词出现的次数几乎是 1974 年的 9 倍。

美国华盛顿大学遗传学专家巴拉克·科恩（Barak Cohen）曾经发表过一篇评论，分析这种不断增加的创新狂热。他认为科学的进步取决于创新性研究与验证他人研究成果二者之间的微妙平衡，不可偏废。如果科研奖励包括科研资助以及权威期刊都过分青睐创新性，而牺牲了对以前发表的论文的验证，那么科学的基石就面临不稳甚至坍塌的风险。

砖瓦房与草房子

癌症专家威廉·凯琳（William Kaelin）是 2016 年拉斯克医学奖基础医学研究奖得主，他主张在发表科学论文时，应该少一些漂亮的"草房子"，而多一些基础牢固的"砖瓦房"。

他的主要疑虑之一是，如今很多科学论文为强调其创新性及其与生物医学临床应用之间的关联，而夸大了研究的很多结论和观点。牺牲研究的深度以换取研究的广度，研究者们会面临研究成果不可靠的风险。研究者们过分强调创新和影响，或许会损害它真正的影响力，因为他们未能就每个观点提出充分的证据。

凯琳于 20 世纪 90 年代发表的一批研究论文发现了细胞如何感知氧气，从而颠覆了细胞生物学的研究。尽管如此，他认为他的研究拿到今天可能很难被发表。

现在的权威期刊经常需要完整的科学故事，从最基本的分子机制到证明它们在不同动物模型中的相关性。未被解释的结果或未被回答的问题都被视为缺陷。现在的研究者更愿意花几年时间收集一系列所谓有创新性和有影响力的宽泛结论，而不愿静下心来写一篇论据充分、或许能为其他研究者指明新的研究方向的论文。

平衡新发现和严谨性

对于学术期刊的编辑和评审专家来说，他们面临的一项挑战是评估收到的每篇文章的创新性和未来可能的长期影响。有时候，即使对拥有丰富知识储备的学术同行来说，也难以评估一个全新的、独特的学术观点的重要性。许多基础研究构成了未来实际应用的基础。最近的一项研究发现，在那些至少被引用过一次的基础研究文章中，有80%的文章最终会被某个专利应用所引用。但论文的实际应用意义则需要很长时间才会显现出来。

2018年，一个经济学研究团队合作开发了一个非同寻常的科学创新性指标，那就是研究一篇论文的参考文献。他们认为，如果一篇论文引用了多种来源的参考文献，那么这篇论文就更具创新性。比如说，如果某篇论文开创性地同时引用了植物学期刊、经济学期刊和物理学期刊上的论文，那么这篇文章就被认为具有很高的创新性。

这一指标使得科学家能够识别那些从长远来看将会被广泛引用的论文。然而要做到真正识别出这些论文的广泛影响，可能还需要4年左右的时间。或许有人不赞成这一指标，但这项研究的确说明了一个问题：识别一项创新研究的全部影响是需要时间的。

意识到评估科学论文创新性的困难，科学资助机构、期刊编辑以及科学家都应该停下来认真反思一下什么是创新性。科学的进步依赖于新的研究发现，以及在研究方向上另辟蹊径——但是，有证据支持且可重复的研究同样值得重视。如果能在科学创新性和严谨性方面取得某种平衡，科学将会迎来更大的发展。

有关科学能否决定人类未来的辩论

杨岭楠 / 编译

现代社会的人们身处科技时代，被各色的科学发现和创新成果所包围。这些不断涌现的科学成果使人们沉浸其中，难以冷静思考关于科学的争议——科学到底能否拯救人类。早在 70 多年前，两位文豪赫伯特·乔治·威尔斯（H.G. Wells）和乔治·奥威尔（George Orwell）就发起了关于科学与人类命运之关系的探讨和争论，时至今日仍历久弥新。

威尔斯是科幻小说的鼻祖，也是坚定不移的科学信仰者。奥威尔对科学则报以怀疑态度，他认为科学在很多方面存在局限性。两位作家发起的争论尽管已经过去很多年，很多观点现在看来依然能引起回响，并具有现实意义。2013 年，生物学家理查德·道金斯（Richard Dawkins）谈起科学时说道："科学在方方面面都发挥了作用——飞机飞行、汽车行驶、计算机运算。如果科学在医学领域发挥作用，它能治愈疾病。如果科学在飞机上发挥作用，它能让飞机起飞。总之，科学的作用无远弗届……"然而也有人持不同观点，诺贝尔奖得主彼得·梅达沃（Peter Medawar）曾发表过著名言论，他认为有很多问题无法用科学解释，比如"生命的意义是什么？""科学知识有哪些用途？"

科学能解决的是气候变暖、20 亿人类食物短缺等问题。它的确能发挥巨大潜力，承载人类的希望，但对于科学是一把万能钥匙的期望则不切实际，它的触手并不能抵达所有的地方。

威尔斯——虔诚的科学追随者

威尔斯生于1866年，出生地位于英国肯特郡。威尔斯在童年经历了一场事故，从此只能卧病在床，但他逐渐对读书产生了浓厚的兴趣。威尔斯师从生物学家托马斯·赫胥黎，最终取得了生物学学位。为贴补收入，他成为一名自由记者，于1895 年发表了第一部作品《时间机器》。

威尔斯于 1946 年去世。他如今被广为认可的身份是科幻小说作家，以《莫洛博士岛》《隐形人》《星际战争》等作品著称。但是在他生前的时代，他却是一位公共知识分子，持有进步的政治观点，对科学的期望很高。

威尔斯成功预言了 20 世纪很多的重大科学发现，比如飞机、太空旅行和原子弹。在《未来发现》一书中，他悲观地表示，"过去的历史对人类的思想施加了盲目的力量"，他提倡用科学替代经典来培育领袖，这样的领袖会像预见月亮的阴晴圆缺一样预见未来。

威尔斯对科学的热爱富含政治意义。他在作品中反思人类的自我毁灭，他相信人类最大的希望须寄托于一个统一的世界政府，而这个政府应由科学家和工程师组成。威尔斯提出，人类应该摒弃宗教和民族主义，要将希望凝聚在受过科学训练而头脑理智的科学家身上。

奥威尔——清醒的乌托邦怀疑者

奥威尔生于 1903 年的英属殖民地印度，母亲是英国家庭的女仆，父亲供职于印度总督府鸦片局。奥威尔自幼虽孱弱多病，却非常热爱读书。他在伊顿公学接受教育，其后因家境贫寒未能继续学业，便去往缅甸做了 5 年英国殖民警察。

奥威尔返回英国后，成为一名多产的记者。他的作品揭示了贫苦工人的生活和殖民主义的阴暗面，对黑暗的殖民主义进行了文学批判。奥威尔晚年才发表了两部最广为人知的作品《动物庄园》和《一九八四》。

奥威尔在今日被誉为 20 世纪最伟大的作家之一。他在作品中创造了很多词汇，用以描绘极权政府监控和蒙蔽人民，鼓吹政治主张，将其作为控制人民的手段。

科学不是救世主

奥威尔对他的朋友威尔斯的科学和政治观点进行了毫无保留的批判。在《何为科学》中，他把威尔斯对科学教育的狂热定义为错位，因为在某种程度上威尔斯的观点建立于一种假定——年轻人应该学习核辐射作用和宇宙中的星球，而不该学习"如何正确思考"。

奥威尔也反对威尔斯的另一个观点——科学训练能够更有效地帮助学习者学会所有学科，他们与没经受科学训练的人相比会更有优势。奥威尔认为，这个广为传播的观点会引导人们想当然地认为，只有由"科学家掌控世界"，世界才更美好，奥尔威严厉地批判了这一观点。

奥威尔相信科学教育不应该局限于具体学科，例如物理、化学和生物，而应该聚焦于真实。科学教育应该植入"一种理性的、批判的、以实验验证真实的思维"。立足于更开阔的格局，教育不应该局限于科学教育，反倒是科学家应该更多地掌握历史、文学和艺术的知识。

奥威尔对科学在政治中所起的作用持有更为怀疑的态度。在《威尔斯、希特勒和世界国家》一书中，奥威尔提出，倡议一个统一的世界政府是毫无希望的乌托邦幻想，很大程度上也因为"世界五大军事力量根本不会服从这样一个政府"。尽管明智的人们数十年坚持这样的看法，但他们"没有权力，也没有意愿去牺牲自己"。

对于民族主义，奥威尔并未全盘批判，他怀疑，"至少在过去一年里，维持英国的稳固根基"主要靠的不就是"返祖的爱国情绪和根深蒂固的英语国家的优越感？"不过他也认为，真正左右世界的力量来自"知识分子逐渐过时"的情绪。

科学的愿景和局限

20 世纪两位文坛大家之间的争论不应被夸大。威尔斯一方面肯定了科学的积极贡献，另一方面他也意识到科学成就也可能导致人类的悲剧。他预见了大规模发展原子弹的毁灭性后果，也预言了科技侵犯人类隐私的局面。

奥威尔也肯定了英国的科研和科技创新发展，否则英国也无法在德国快速崛起的军事力量的压力下保持均势。当战争打响时，奥尔威当然也号召民众使用步枪保卫国家，而不是抄起铁锨和草叉加入战斗。

无论如何，威尔斯和奥威尔的观点从根本上是鲜明的对立。威尔斯倡导以科学思维理性来统治世界的政治格局，而奥威尔坚持认为纯粹的科学思维方式容易使人们陷入被欺骗和操控的局面，会播下极权主义的种子。对于未来，科学既有其憧憬，也有其局限。我们需要保持清醒和批判的头脑，避免陷入奥威尔所警示的境地。

"慢科学"如何改善科学研究

闫文光 / 编译

    科学家通常不参与政治。但一些科学家在 2017 年 4 月的"为科学游行"活动中走上街头，认为这是由于特朗普政府对科研机构的激进的侵蚀所致。这样的示威活动以前从未出现过，因为这要让现代科学家冒着牺牲他们中立光环的风险，需要付出很大的代价。

    但比利时科学哲学家伊莎贝尔·斯坦厄斯（Isabelle Stengers）在她的著作中却捍卫了科学家在政治方面的权利。她认为这种政治参与的要求要有针对性，并且作为这种需求的一部分，她主张我们需要"慢科学"。

《另一种科学是可能的》

    斯坦厄斯的著作《另一种科学是可能的》的法语版于 2013 年出版，目前其英文版也已经上市，书名为《另一种科学是可能的：慢科学宣言》（*Another Science is Possible: A Manifesto for Slow Science*）。在书中，斯坦厄斯认为：为了让科学家的工作具有针对性，就必须与更广泛的公众进行协商，并且要尊重公众提出的问题。比如你为什么要做这项工作？它会有什么用？

    公众可能需要做好继续等待获得答案的准备，因为科学家"还在研究"。但斯坦厄斯认为，作为"聪明的公众"，我们有权被纳入到对话之中。但有一种更狭隘的针对性让斯坦厄斯感到担忧，她称其为"知识经济"的凯歌高奏式的增长，这让我们没有时间犹豫。

    多年来，我们看到了商业化的实验室的增长、大学公共资助的减少以及监管机构的式微。斯坦厄斯认为科学的私有化意味着产业可以购买它想要的结果。而且他们要迅速地获得这些结果，要在他们的竞争对手把产品推向市场之前就拿到手。这使得确保科研的客观性和无功利性的庄严的同行评议过程变得压力重重，同行们可能都忘记了针对符合公众利益的问题提问。

对慢科学的需求

慢科学与其他"缓慢"的运动有某种相似之处，比如慢食文化，但它很难再回归到理想的黄金时代了。在当代科学中，仍然存在着大量缓慢而谨慎的科学，但是斯坦厄斯的宣言声称这些慢科学正受到威胁。

在某种程度上，"快科学"想要在预定的时间框架内得到结果，于是深思熟虑的犹豫就会被指责为在执行层面上缺乏决断力，甚至是在阻碍进步。此时，具有试探性的"如果……怎么办？"的问题更多地让位于更激进的"既然如此……"。

快科学的另一层影响是这种模式逐渐成为主流。慢科学珍视多元性，在某种程度上，慢科学没有屈服于对"卓越"的竞争性需求，也没有屈服于产业的相关性；相反，其间有更多新的观点和领域产生出来。

斯坦厄斯把慢科学描述为"下金蛋的鹅"，这也是很多科学家愿意坚持开展他们的研究项目的原因。同质化破坏了科学家和非科学家之间的生产关系，以及知识和技术之间的关系。例如，在给一个问题提出更抽象、更普适和更"现代"的解决方案之前，开展慢科学的科学家愿意停下来聆听一个原住民的看法，这些人的专业知识是通过代际的传承和实践来获得的。

正是在这一领域，斯坦厄斯调查了科学的性别特征，这些特征仍然禁止女性进入科研领域。她从理论化学转向了科学哲学，因为她说自己清楚在理论化学领域，她的研究没有出路。她还谈及了第一位女性灵长类动物学家是如何被排挤出科学领域的，这让她有时间发明了一种"缓慢的灵长类动物学"。

事实和价值

在教学中，斯坦厄斯考察了事实与价值之间的差异，起初学生们兴高采烈地认为科学是对虚假的不相关价值和观点予以净化，科学就是要弄清事实的真相。但当她要求他们调查争议时，他们开始以不同的方式看待问题。

价值观不再是信息不灵通的公众的非理性担忧，因为价值观总是与科学家所做的事情联系在一起。例如，那些支持转基因食品的人坚称，他们所做的正是欧洲农民几百年来一直做的，只是更有效率而已。

斯坦厄斯认为学生们发现：存在着许多相互矛盾的"事实"类型，并且对于那些呈现这些价值的人来说，每一种类型都与这种情形中似乎重要的东西相互关联着。

慢科学提醒着科学中哪些东西是奇妙的和富有创造性的，这对于科学家培养与公众的关系非常有价值，特别是当他们面临向公众交付研究成果的压力的时候。

为何高影响力的科学期刊中女性作者这么少？

牟庆璇 / 编译

每位科学家都希望自己的学术成果能够发表，不能出版几乎意味着失败。不管喜欢这种模式还是讨厌它，成果发表在高知名度的期刊上就意味着拥有丰富的资源、著名的奖项和丰厚的资助，乃至名校的职位。然而不知何故，在调查女性的科学职业为什么无法发展时，具有高影响力的期刊几乎每次都能够置身事外。其中一个原因是这些期刊没有收集其投稿者的性别或种族背景数据。

为了验证高影响力期刊中女性投稿者的代表性，美国华盛顿大学（University of Washington）心理学教授艾奥妮·法恩（Ione Fine）与她的同事杰森·韦伯斯特（Jason Webster）等人研究了国际性综合生物医学信息书目数据库（Medline），这是一个包含了几乎所有通过同行评议的科学文章的在线资源库。艾奥妮等人使用性别筛选数据库（Genderize.io）检测 2005 年至 2017 年期间在该数据库中发表的 166000 余篇文章的第一位和最后一位作者的性别，结果令人沮丧。

文章作者中缺少女性科学家

在高影响力期刊中，第一作者在传统意义上是指真正进行实验操作的人。艾奥妮团队预测有 40% 以上的第一作者是女性，这个数据与美国和欧洲神经科学博士后中女性的比例相似。然而出人意料的是，在《自然》（Nature）和《科学》（Science）杂志的第一作者中，女性只占 25% 左右。

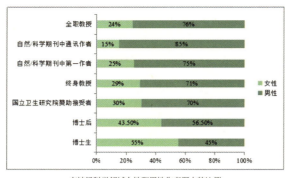

	女性	男性
全职教授	24%	76%
自然/科学期刊中通讯作者	15%	85%
自然/科学期刊中第一作者	25%	75%
终身教授	29%	71%
国立卫生研究院赞助接受者	30%	70%
博士后	43.50%	56.50%
博士生	55%	45%

在神经科学领域女性和男性作者所占的比例

通讯作者（列表中的最后一位作者）一般指担任该项研究的负责人。艾奥妮团队期望女性在通讯作者中所占的比例高一些，最起码能够与美国国家卫生研究院（National Institutes of Health，NIH）基金资助的人数相匹配。这项基金申请严格，是科学研究的重要指标，代表着科学成熟度和生产率。在这项基金中，30%分配给女性，相当于女性在神经科学领域中终身教授职位的比例。但最终经过研究发现，在《自然》和《科学》的通讯作者中，女性只占15%左右。

神经科学中的女性科学家比例

在美国，男性和女性的神经科学博士的数量大致相同。但是女性科学家的学术道路并不如男性走得顺利。在高影响力出版物中，女性科学家代表性不足的现象更为极端。

艾奥妮团队将她们关于神经科学的研究结果发表在网上，并在《自然》杂志上发表了一封公开信，希望有更多人关注她们的成果。令人欣慰的是，有许多其他领域的学生已经开始研究他们各自学科中期刊署名的性别差异。

经过艾奥妮等人对大量期刊的数据挖掘，仍然没有揭示为何在科学期刊中女性作者如此少，不过大量文献都把矛头指向了性别歧视。

发表过程中的偏见

科学家往往低估了女性的科学贡献。一项分析发现，女性更可能是动手做实验的人。尽管如此，她们仍可能仅仅在不太出名的期刊中获得第二作者甚至更低的作者排位。有趣的是，许多实验室负责人观察到，男性学生在争取作者列表中的位置时往往比女性学生更积极主动。

在期刊审稿过程中也会存在偏见。俄亥俄州立大学(Ohio State University)的研究人员发现，当审稿专家被随机分配有待评估的科学文章时，他们一般认为男性科学家的科研工作更值得认可。通过对瑞典申请博士后研究基金的同行评议体系进行分析表明，这个过程充满了偏见，女性博士后申请基金的成功率远低于男性。"超级赞"这样的评价更可能会给男性科学家，这可能是为什么女性作者的比例与期刊影响因子成负相关。

最后，在编辑过程中也会存在偏见。在《自然》杂志近十多年的社会评论中，其编辑邀请女性科学家撰文的概率非常低。

女性科学家真的只能在科研领域止步不前了吗？她们不太可能给高知名度的期刊投稿，因为成功率很低。例如在《自然》杂志上，只有不到10%的投稿文章能够被接受。在许多领域，一次投稿失败而导致的网上公布时间延迟，意味着被其他团队抢先发表的风险很高。如果女性科学家预测接收成功率很低时，不管出于何种原因，她们都会选择更保守的方式——投稿给不太知名的期刊。

期刊对女性科学家要一视同仁

科学出版有着惊人的盈利：2017年，爱思唯尔出版集团(Elsevier)的利润超过12亿美元。这些公司非常依赖科学团体，因为科学家既作为期刊的作者，也作为审稿人。考虑到期刊所创造的利润以及在科学领域的巨大影响力，必须有一个道德约束甚至是法律规定来确保出版审核过程是公平的。

期刊需要全面负责以确保整个出版流程的公平性：鼓励女性科学家投稿，确保女性获得公平的评价，并在编辑过程中被公平对待。

科学团体应该要求期刊建立关于投稿文章和接收文章作者性别和种族的数据库，同时把这些数据公开发布在网络上。这样研究人员可以选择避免（甚至抵制）记录不佳的期刊。研究人员应该坚持要求评审人员提供更具体的审查标准，例如要求他们解释对文章重要性和影响力的评级标准，以及他们对科学质量的评估要求，正如美国国家卫生研究院和美国国家科学基金会(NSF)所做的那样。最后，期刊应该采用强制性的两位审稿人双盲审阅。

尽管在过去十几年，女性作者在高影响力期刊中的数量没有明显变化，但科学界的态度已经开始改变。现在科学界普遍认为科学人才没有性别差异。世界各地的大学、资助机构、会议组织者和实验室领导都在努力解决这个问题。现在已经到了期刊正视自身的时候，让更多的女性科学家在各自的科研领域中发光出彩。

科学的未来关乎全球的命运

张玥 / 编译

如今，科学研究工作已经在全球各个角落展开，科研群体遍布世界各地。然而每当有科学丑闻爆出时，我们就会看到铺天盖地的新闻标题——"科学要完蛋了""震惊世界的科学腐败""科学界堕落了"。这些报道渲染了紧张的气氛，让公众怀疑投给科学的每一分钱是不是值得。

2017 年 5 月，Slate 网络杂志刊出一篇标题醒目的文章《科学堕落了，我们需要以多大努力拯救它？》。文章谴责现有的很多科研工作并不严谨："严苛和可重复性是携手同行的。"

作家理查德·哈里斯（Richard Harris）的新书标题则更加吸引眼球——《尸僵：草率的研究如何制造出毫无价值的疗法、粉碎希望以及浪费数十亿元》。

但是，如果现在的科学真的"完蛋"了，那大家想要知道的是，哪个时期的科学比现在更好？ 2018 年 4 月 17 日，澳大利亚科学家艾伦·芬克尔（Alan Finkel）在"研究生科研质量会议"上发表演讲，他指出："在人类历史上，何曾有哪个时期会有比今天更优秀的人才和更出色的科研技术？"他希望这些宣扬"科学已经完蛋了"的人解释一下，这个所谓"坏掉了"的科学何以能交出如此出色的成绩单。"谁能说服我，发现引力波等震惊世界的发现其实不值一提。"

他指出，科学实践确实有其令人沮丧的一面，正如其他任何一项人类为之奋斗的事业一样；科学家可能、也的确会犯错，但"科学的黄金时代永远只会出现在未来——通过人类自己的努力"。

因此，芬克尔表示，我们不要告诉自己"科学已经坏掉了"。我们要认识到，我们每个人都有责任去推动科学研究，不断打开我们的心理界限，去探索那些棘手的和严肃的问题。

为此，芬克尔在演讲中指出了以下几个问题。

科学论文的未来

2018 年 4 月，《大西洋月刊》发表了一篇颇具煽动性的文章，题目是《科学论文过时了》。

自 17 世纪出现以来，科学论文为人类社会与科技发展作出了巨大的贡献。如今，我们也可以肯定的是，全球科学论文的产量在激增。

但与此同时，同行评议系统却开始越来越超负荷。讽刺的是，我们如此辛劳地产出论文，以至于我们没有时间去阅读其他人的论文。

有的人不得不问，现在的我们是否已经到达了发表的顶峰？芬克尔觉得"没有"。他认为，科学论文的存续有其背后的意义，因为它是一种有效构建和交流信息的方式，这种意义直到今天仍然有其独特价值。

但是，30 年后又会发生什么呢？到了 2050 年，我们是否还会发表论文？如果不会，我们会如何构建与交流信息呢？

发表的压力

芬克尔觉得自己很幸运，能够得到一位伟大的科学家——史蒂夫·雷德曼（Steve Redman）的培养。然而如果换作今天，雷德曼可能会被人们视为"低产"，因为他每年至多发表两三篇文章。但是他发表的每篇文章都经过深思熟虑和精心雕琢，从而具有深远的影响力。

人们大概都会觉得，"质量优于数量"是理想的状况。在重视质量多于数量的情况下，作者不会那么急功近利，会在论文上投入更多的时间，留给同行评议的时间也会更充裕。

但现实世界中的激励措施，却往往引导着人们反向操作。那么应该如何去打破这种恶性循环呢？

芬克尔最近偶获了一种激进的方法：为科研人员毕生发表的论文设定总字数限制。他戏称，虽然这种方法可能非常难以实现，但他却从中受到了启发。转变一下思路会如何？人们可以将关注的焦点从"学术发表"转向"个人简历"。

他解释说，首先，我们可以提出这样一种要求，在申请经费或升职时，申请者只能列出过去一年发表的论文，至多五篇，而且简历中必须列出曾经被撤回的论文及其说明。

他举例说，在哈佛医学院前院长杰弗瑞·福莱尔（Jeffrey Flier）的建议下，所有申请职位晋升的科研人员都必须对自己的工作作出批判性评价，包括尚未回答的问题、争议与不确定性。

掠夺性期刊

如果把学术期刊比作"看门的"把关人，那么掠夺性期刊就是蛀蚀这扇大门的白蚁。它的存在，让人们质疑整个科研架构的道德与诚信。

掠夺性期刊指的是通常收取高昂版面费却鲜有可信的同行评议过程的期刊。因此，这些期刊也没有什么信誉可言。

美国科罗拉多大学图书管理员杰弗瑞·比尔（Jeffrey Beall）曾经热爱寻找"做得很糟糕的科研工作"，并将其发表在自己的博客上。他的博客曝光了各种掠夺性期刊和虚荣的学术出版商，记录了不少掠夺性期刊的发展过程。有很多刊物对发表的文章漫天要价，其同行评议体系也可能形同虚设。然而在2017年年初，比尔的博客被毫无征兆地全部清空了，这也让人们更难以追踪脆弱的学术出版。

这不禁让芬克尔反思，我们在这种情况下应该如何反击？对于那些不清楚影响因子、期刊排名和编辑标准以及不懂得分辨期刊质量的科学家以外的科学界人士，我们应该如何武装他们？

他引用了"公平贸易咖啡"的例子。在这个例子里，消费者只要在产品上找到特定印章，就意味着该产品遵循某种标准。那么，我们是否也能通过"出版道德委员会"的大力支持，设立一个"具备科研道德的期刊"印章？

人工智能（AI）

据彭博社报道，如今有 5 种方式能够获得一份长期的百万年薪。

以往要实现这个目标只有 4 条路：CEO、银行家、明星艺人和职业运动员，如今拥有 AI 背景的博士也能赚得同样高的薪水。

这是人工智能的时代。正如人类科技史上每一次伟大的历史潮流，首当其冲的正是我们的科研人员。我们一次又一次地在它席卷世界各地之前，探知未来、掌握未来、创造未来。

但人工智能时代的到来对于学术培养来说意味着什么？科学家当前的角色在未来是否会被机器人取代？通过人机力量的结合，我们能否完成今人力有不逮的工作？

芬克尔指出，以上指出的这几个问题都十分重要，因为科学的未来关乎全球命运。他在演讲结束时说道："……如果我们放弃对这些问题的探索，结果便会是科学真正地'完蛋'。"

研究应该帮助解决问题，而非仅发表文章

牟庆璇 / 编译

越来越多的科学家期望能够做出有很大影响力的研究。当美国国家科学基金会（NSF）等机构考虑向研究人员提供资助时，他们会询问他们的研究是否具有"更广泛的影响"。他们希望支持有具体效果、对社会有利的科学研究。这样的研究对于科学家来说不是一蹴而就的，他们将结果发表在期刊上，然而只有少数同行和极少数外行人会看。

也许没有任何学科的研究意义能比生态学和环境保护更重要。生态科学家经常将自己的研究任务明确为促进有关物种长期生存或生态系统的恢复。例如，对濒危植物的研究可以帮助消除它面临的威胁。

但科学影响是一个非常宽泛的概念。科学是一个探究的过程，通常不可能一开始就知道会有什么结果。研究人员被要求设想他们工作的潜在影响，而在不同地方生活和工作的人对于影响的意义可能会有不同的想法。

安妮·托米（Anne Toomey）是美国佩斯大学（Pace University）环境研究与科学专业助理教授，她与玻利维亚的几位同事合作，对玻利维亚亚马孙地区的生物高度多样性区域进行了研究。结果发现，不论是外国科学家还是玻利维亚

的研究人员，以及在该地区生活和工作的人，对生态研究能够帮助他们完成什么目标都有不同的期望。

马蒂蒂国家公园

　　安妮·托米和她的同事专注于在玻利维亚马蒂蒂国家公园和自然区域进行综合管理的研究。由于马蒂蒂国家公园占地规模辽阔（约19000平方千米），拥有丰富的物种多样性（生活着眼镜熊和巨獭等濒临灭绝的哺乳动物），它吸引了来自世界各地的生态学家和环保科学家。该公园也因其文化多样性闻名：在马蒂蒂国家公园内有4个原住民部落，还有31个社区。

　　在2012年至2015年，安妮团队与在该地区生活和工作的人们进行了面谈和研讨会，内容包括公园看守、原住民部落成员和其他研究人员的问题。她们还调查了过去10年曾在该地区工作过的科学家，目的是更好地了解这些科学家是否认为他们的研究对生态保护和管理有所影响，以及他们怎样分享工作成果。

　　在被调查的科学家中，近83%的研究人员认为他们的工作对部落、地区和国家管理有所影响，但对国际社会的影响不大。例如，了解当地灵长类物种的大致数量，可能只对以这类动物为食或开发生态旅游的社区非常重要。

传播研究的方式

思林·奎呐瓦（Celin Quenevo）和塔卡纳（Takana）原住民部落的其他领导人在20世纪90年代筹集资金，将20世纪50年代一本德国人类学家写的关于塔卡纳人的书翻译成西班牙文

　　安妮团队对在马蒂蒂国家公园工作的40名生态保护科学家进行了一项研究，他们对于如何传播研究结果有不同的规划。玻利维亚科学家更倾向于直接与当地人分享结果，而外国科学家更可能在国际期刊上发表英文文章。研究还发现影响科学家如何以及与谁分享结果的最重要的因素是他们是为国外还是国内机构工作。

持续的科学殖民主义？

这种差距引发了人们的担忧：在玻利维亚这样的热带国家，外国科学家主持的研究是否会延续殖民时期的科学抽样主义（scientific extractivism）传统。

玻利维亚与南美邻国一道，经历了几个世纪的欧洲列强殖民控制。在此期间，来自欧洲的收藏家为探险队提供资金，让他们收集有趣的动植物标本，然后将其运回祖国。到20世纪90年代，世界上来自玻利维亚的动物学标本有近3.7万个，其中超过90%的标本都收藏在欧洲。在"去殖民化"的国家政治氛围下，生物样本的搜刮终于受到越来越多的限制。

但是，马蒂蒂地区的许多当地人仍然表达了"研究人员没有留下任何结果"的看法。在交流和研讨会上，当地人感叹错过了机会，因为他们不知道在他们的土地上进行的研究获得了哪些成果。例如，当公园的工作人员了解到以前进行的关于该地区屯池河（Tuichi）内汞含量的研究结果时，他们谈到了与当地人分享信息的重要性，因为鱼是他们摄取蛋白质的主要来源。

安妮团队的研究结果表明，外国研究人员应该警惕科学殖民主义的现代形式，在遥远的地区进行生态调查时，不要只把数据和知识带回家，还应该多与当地人分享。

研究还表明，在某些情况下，知识能否传播是一个视角问题。在公园办公室、原住民部落议会总部和政府机构都有图书馆，里面堆满了文章和书籍，这些资料就是科学研究的最终产物，但实际上很少有人阅读，一部分原因是很多资料都是用英文书写的。此外，马蒂蒂地区的人们更习惯于通过口头获取知识，而不是通过书面形式。因此寻找跨文化交流的方法和打破语言沟通障碍是解决问题的关键。

在公园办公室以当地语言展示马蒂蒂地区过去生态研究的成果

协同合作

在生态保护科学研究中，当地人经常被聘为导游或搬运工，研究人员在收集数据时经常在部落停留数日或数周。这个实地工作期间有很多机会可以交流知识，双方可以相互学习。马蒂蒂地区的原住民部落直接依赖当地的生物多样性。它不仅提供食物和其他资源，而且对延续他们的文化至关重要。他们拥有关于这片土地的独特知识，并且他们有确保当地生物多样性在未来能够持续存在的责任感。

社会影响可能是研究首先要考虑的部分。例如，生活在要收集数据的地区的人们可能对正在调查的研究问题有独特的见解，科学家需要及时制订计划并询问他们的意见。生态实地工作为不同群体之间的知识交流、萌发新想法甚至建立友谊提供了许多机会。研究人员可以采取措施更直接地参与社区生活，比如花几个小时教当地学校的孩子们一些关于该项研究的知识。这些活动并不会降低传播研究成果的重要性。相反，早期参与研究的利益相关者可能还会因此更加重视该项研究。

马蒂蒂国家公园警卫队和玻利维亚科学家在保护区共同工作

无论是在英国研究蜂群衰退与养蜂人的关系，还是在印度评估人与大象的冲突，受影响的人都有权了解研究结果。要让"更广泛的影响"不仅是在研究之后才被考虑，在确定可能产生的影响时就要给当地的普通人更多的发言权。

是什么让科学家数十年来误入歧途？

你是否知道，在科学界里真正得到证明的事实其实出奇得少。然而，科研人员们通常挂在嘴边的就是他们的理论有多少证据支撑。证据越多，理论就越扎实，就越容易为人所接受。

科学家通常都会仔细地收集大量的证据，并充分测试自己的理论。但是在科学史上，也有一些重大案例，其误导性证据将整个科学界都带上歧途，让人们相信后来被认定是完全错误的理论。2018年，英国杜伦大学科技哲学副教授彼得·威克斯（Peter Vickers）专门撰文指出这一点，并列举了令科学家误入歧途数十年难返的案例。

即便是有力证据也可能是误导性的

科学家搜集证据的一种常用方法，是对某件事进行预测，并观察该预测是否正确。不过要注意，也会有一种情况是预测结果是正确的，但科学家所利用的理论是错误的，这时就会出现问题。正如卡尔·波普尔（Karl Popper）和其他科学哲学大师经常强调的，看似尤为冒险的预测如果被证明是正确的，就会被看作非常强有力的证据。但历史告诉我们，即便是非常有力的证据，有时候也有可能是误导性的。

1811年，约翰·弗里德里希·梅克尔（Johann Friedrich Meckel）成功预测了人类胚胎会有鳃裂。这一冒险的预测似乎为他的理论提供了非常具有说服力的证据。他认为，人类作为"最完美的"生物体，其发展阶段对应着每个"不够完美的"物种（鱼、两栖动物、爬行动物等）。

威克斯在文章中指出，每个人类胚胎在发展过程中颈部会有裂缝，看起来像是鳃。几乎可以确定的是因为人类和鱼共享着部分DNA和共同的祖先，而不是因为人类为了实现生物的完美进化，在母体子宫里经历了"鱼的阶段"，作为人类发育的一部分。

但是在1827年发现胚胎存在颈部裂缝之后，当时的证据让梅克尔的理论显得更具有说服力。这一理论的盛行一直延续到 19 世纪下半叶。当查尔斯·达尔文的进化论逐渐成为理论主流后，人们才彻底明白，梅克尔的线性生物完美理念是完全站不住脚的。

另一个案例是 18 世纪地质学家詹姆斯·赫顿提出的理论，他认为地球就像一个生物有机体，会一直不间断地进行自我复制，为人类无限地提供可居住的世界。基于他的这一理论，赫顿成功地预测了花岗岩的纹理会穿过其他岩土层并与之相混合。同时，他也成功预测了角度不整合这一现象，即新的岩土层与其紧挨着的下层旧岩土层的角度非常不同。

赫顿的理论在各个角度上都与当代思想格格不入。首当其冲的是，地球并不是为人类而设计的。当然，当时的赫顿尚未掌握板块构造论的概念。

不过，尽管他的理论漏洞百出，但预测却是准确的，因此也非常具有影响力。事实上，在 100 年后人们追求真理之时，赫顿的理论仍然不乏追随者。直到 19 世纪末，地球收缩说才终于将其赶出了历史舞台，该学说（错误地）解释了山和谷的形成是由于地球在冷却的同时逐渐收缩。

数字证据也未必全都靠谱

梅克尔和赫顿的预测是基于谬论，但也有的误导性证据却是基于数学方程，而且造成了较为严重的影响。

例如，当尼尔斯·玻尔（Niels Bohr）在 1913 年正确预测了离子化氦吸收和释放特定颜色光的频率时，据传，当时爱因斯坦评论道："那玻尔的理论必然是正确的。"

玻尔的预测可以立即说服爱因斯坦等人，因为它们在小数点后多位都是正确的。但是现在我们知道，这由此产生了存在很大缺陷的原子模型（电子准确地绕着原子核旋转）。玻尔很幸运：尽管他的模型在根本上是错误的，但其中也存在一些真理的精髓，足以让他对离子化氦的预测成真。

然而最引人注目的例子可能是阿诺·索末菲（Arnold Sommerfeld）对玻尔模型的发展。索末菲更新了这一模型，提出电子轨迹是椭圆的，并根据爱因斯坦相对论进行了相应调整。这似乎比玻尔的简单模型更为准确。

现在我们知道电子实际上并不围绕着原子核转。但 20 世纪早期的科学家把电子想象成非常小的微型球体，并认为其运动可以参考实际球体的运动轨迹。

这在后来被证明是错误的：现代量子力学理论告诉我们，电子是非常神秘莫测的，它们的行为与人类日常接触到的理论根本不沾边。原子中的电子甚至不会在某个准确时间占据某个准确位置。

因此，索末菲的理论核心存在着根本性问题。然而在 1916 年，索末菲利用他的模型基础提出了一个方程，却得以正确描述氢吸收和释放光的颜色模式的细节。该方程与保罗·狄拉克（Paul Dirac）在 1928 年所给出的公式一模一样，而狄拉克利用的则是相对论量子力学的现代理论。

该结果一直被物理学界认为是一大惊人巧合，很多人都在尝试以各种方法去理解这一巧合为什么会发生。不用说，索末菲令人难以置信的成功预言让当时很多科学家都对其理论笃信不疑。

因此，尽管事实上后来浮现的证据都证明这些理论是不正确的，但是我们不应该指责这些科学家犯了错误。他们做到了"跟着证据走"，这也正是一名优秀的科学家应该做的。当时的他们并不知道，正是这些证据将他们领入歧途。

当然，威克斯所举出的几个案例并不是为了说明科学不值得信任。他指出，一般很少有证据是完全误导人的，而且彻底错误的理论通常并不能形成准确、成功的预测（其预测也往往是完全错误的）。他说，科学是一个不断完善的过程，从长期来看，它能够消除毫无用处的迂回曲折。而且我们都知道，即便最值得信任的东西有时也会让我们失望。

同行评议：争议和改变

王雷 / 编译

同行评议指的是一位作者的学术文章让同一领域的其他专家学者来加以评审，这是当前科学研究的核心基础。同时，同行评议也是一个科学成果经过学术同行审查的过程。科研人员在著名的期刊上发表文章，分享自己的创新性研究，并展示给读者最新的科学发现。

然而，同行评议存在一系列的问题：缺乏必要的透明度，相关评审人员没有担负更多的责任，（经过同行评议）发表的文章科学严谨性不够等。同行评议存在的众多争议一直以来备受科研人员诟病。

现在，人们已经开始对同行评议进行调整甚至改变，其中重点关注的问题包括：期刊编辑的管理制度，审稿人奖励制度，以及编辑、审稿人和作者的责任制度。

同行评议需要志愿者

同行评议系统中的同行指的是具有相关科研知识的学术志愿者。然而，审稿远比拒绝或接受稿件要更加复杂和烦琐，因此，我们很难找到合适的学术志愿者。通常情况下，审稿人会建议作者补充必要的实验，或对某些数据的解释提出质疑。这就引发了作者和审稿人之间的对话，这样做的目的在于提高论文的完整性和科学价值。

每篇论文的审查需要至少七到八个小时的时间，而且很多时候审稿人没有报酬，甚至有时候得不到同行的认可。因此，在繁忙的学术工作之外很少有人愿意做审稿人。而且当审稿人快速完成审稿时，可能忽略文章中存在的问题，降低文章的科学严谨性。另外，新的审稿人（可能试图给编辑留下深刻印象）可能会将文章的一个小问题评价为重大缺陷，这违背了审稿的公平性。

总体而言，这些问题导致了审稿人数量有限，从而使得同行评议可能是任人唯亲。对审稿人群体的进一步研究发现，审稿人的性别差异明显，2017 年女性审稿人所占比例不到 20％。

编辑需要承担更多的责任

期刊编辑在同行评议中的作用越来越重要，因此，我们需要更多的期刊编辑。

编辑可以拒绝那些提交时不符合期刊标准的文章，而不是让审稿人来重复这一工作。编辑可以设置清晰的期刊评估标准，从而提高文章的可靠性和质量。编辑还可以参与作者和审稿人之间的学术交流，简化审稿流程。

尊重审稿人

人们通常认为编辑是同行评议过程中最受尊敬的人，而经常忽略审稿人所作出的贡献，现在这种情况正在改变。为了提高透明度，同行评议增加了问责制和公平性，除作者之外，同行评议流程还会列出审稿人和编辑的名字。目前，在线期刊正在使用这样的同行评议流程，例如生物学领域内的开放获取期刊——*eLife*。

独立数据库"出版物"（Publons）会对审稿意见进行认证，并公开列出各学者为具体期刊做评审的数量。2018年，"出版物"开始酝酿审稿人奖励计划。类似地，爱思唯尔（Elsevier）的数据库已经启动了"审稿人识别计划"，开展各种奖励制度，并发布年度获奖名单，承认所有审稿人的贡献。然而，这也受到一些坚持匿名审稿的学者的批评。

出版前和出版后的同行评议

现在，同行评议主要有出版前和出版后两种形式。出版后的同行评议以最有效的形式，要求学术审稿人在评审过程中与作者进行公开的互动对话，承担一定的责任。

例如，《哥白尼》（*Copernicus*）和《公共科学图书馆·综合》（*PLos One*）等期刊致力于出版后的同行评议，作者、审稿人和读者都可以对文章进行批评和评论，以判断其在该领域内的科学价值。其他出版后的同行评议数据库，如"开放科学"（ScienceOpen）邀请所有注册的科学家对相关论文撰写评论，这有助于科学界各方面人才参与到动态评估出版物的科学价值的工作中。

然而，有些人在论坛和科学社区中进行匿名评论，评论内容没有尺度，滥用科学资源，最终可能导致法律诉讼。

同行评议正在尝试新的改变

同行评议系统没有被废止，而且正在积极地改变。

作者投递的文章一旦被审查，作者和审稿人之间就会进行公开的对话。在收到审稿人的建议后，作者可以根据建议继续进行实验、撤回论文或发表论文。这可以极大地提高开放式同行评议的透明度，增加所有参与者的责任，减轻同行评议系统的负担。

围绕同行评议和出版平台，我们的总体目标是建立一个由作者、审稿人和编辑组成的统一战线，以维护科学的诚信。这不仅在学术界内是至关重要的，而且对于整个世界的科学发展来说也是至关重要的。